KB000919

뉴비즈니스모델 51

Business Models no Mirai Yoho zu/51 PREDICTIONS OF FUTURE BUSINESS MODELS
© Tomoya Saida, 2022
All rights reserved.
Original Japanese edition published in 2022 by CCC Media House Co., Ltd.
Original Japanese edition staff
Illustration: fancomi
Art direction: Shingo Kitada (KITADA DESIGN Inc.)
Design: Shuta Hatanaka (KITADA DESIGN Inc.)
DTP: Tsuyoshi Morota (M&K)
Proofreading: PRESS Co., Ltd.
Korean translation rights arranged with CCC Media House Co., Ltd.
through The English Agency (Japan) Ltd. and Danny Hong Agency

이 책의 한국어판 저작권은 대니홍 에이전시를 통한 저작권사와의
독점 계약으로 북스토리지에 있습니다.
저작권법에 의하여 한국 내에서 보호를 받는 저작물이므로 무단전재와 복제를 금합니다.

2030-2050 뉴 비즈니스 모델 51

지은이 사이다 도모야
옮긴이 이민연
펴낸이 이규호
펴낸곳 북스토리지

초판 1쇄 인쇄 2022년 10월 15일
초판 1쇄 발행 2022년 10월 25일

출판신고 제2021-000024호
10874 경기도 파주시 청석로 256 교하일번가빌딩 605호
E-mail b-storage@naver.com
Blog blog.naver.com/b-storage

ISBN 979-11-92536-97-2 03320

출판사의 허락 없이 내용의 일부를 인용하거나 발췌하는 것을 금합니다.
가격은 뒤표지에 있습니다.

테크놀로지의 진화, 직업의 운명을 바꾸다

2030-2050

뉴 비즈니스 모델
51

사이다 도모야 지음 | 이민연 옮김

들어가며...

　　요즘 서점에 가면 미래 예측에 관한 책들을 흔히 볼 수 있다. 그 배경에는 경이적인 속도로 '진화'하고 있는 기술이 존재한다. 따라서 전 세계 기업들이 이에 발맞춰 너도나도 미래 기술 개발에 나서고 있는 실정이다.

　　이와 관련된 보도를 접하는 사회인이라면 그것이 자신이 속한 기업의 사업과 어떤 관련이 있는지, 또 그 기술이 어떻게 변화해 나갈지 등 기대와 불안을 함께 느끼지 않을 수 없다. 비즈니스에 종사하는 사람으로서 교양을 갖추고 싶거나 업무 능력을 향상시키기 위해, 혹은 본인의 커리어에 활용하고 싶어서 이 책을 선택한 사람도 있을지 모른다. 만약 학생이라면 교양이나 연구를 위해 아니면 취직, 커리어 형성을 위해서일 것이다. 어떤 용도로 활용되든 간에 이 책이 다양한 독자들에게 도움이 되기를 바란다.

　　『2030-2050 뉴 비즈니스 모델 51』은 필자가 주관적으로 선정한 최신 기술과 그 기술이 미래에 어떻게 발전하고 어떠한 비즈니스에 활용될지에 관하여 기술한 책이다.

　　물론 필자에게 미래를 예측하는 특별한 능력이 있는 것은 아니다. 그러므로 이 책의 내용은 장차 실현될 수도, 또 실현되지 않을 수도 있다. 이 책의 주된 목적은 기술의 실현 여부가 아니라, 독자들에게 현실성 있는 기술부터 SF를 연상시키는 기술에 이르기까지 미래 기술에 대해 폭넓게 알리려는 것이다. 다만, 어떤 기술이 진화했을 때 상상할 수 있는 미래의 비즈니스에 대해서는 기존 비즈니스를 바탕으로 필자 나름대로의 논리에 근거하여 집필하고자 애썼다. 하지만 그것이 언제 실현될지, 어떤 비즈니스로 발전할지에 대한 불확실성을 완전히 해소할 수 없다는 점은 양해해 주기 바란다.

이 책은 일차적으로 비즈니스에 관해 도움을 얻고자 하는 독자들을 위하여 집필했지만, 한편으로는 더욱 많은 사람이 읽어주기를 바라는 마음으로 엔터테인먼트적인 요소도 도입했다. 출판사의 편집자와 디자이너도 특별히 이런 점에 힘을 보태 주었다.

이 책이 독자 여러분에게 조금이나마 도움이 되기를 바란다.

사이다 도모야 齊田興哉

차 례

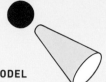

BUSINESS MODEL

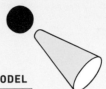

BUSINESS MODEL

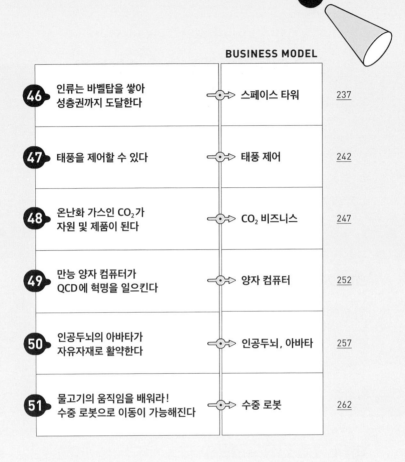

* 엔화는 환율을 고려하여 원화와 1:10(100엔=1000원)으로 산정해 표기하였습니다.

#인공 별똥별 2020-2030

인공 별똥별이 밤하늘을 수놓는다

한밤중에도 화려한 불빛들이 거리를 밝히는 오늘날 도심. 밤하늘을 올려다보면 별똥별은커녕 별을 찾아보기조차 쉽지 않다. 그러나 2020년대에는 인공 별똥별이 실현되고, 2030년 이후에는 언제 어디서나 보고 싶을 때 별똥별을 볼 수 있는 시대가 도래한다.

최신 기술

위성에서 인공 별똥별을 만든다

인간이 인공 별똥별을 만들어 즐기는 꿈같은 시대는 머지않아 올 것이다. 그렇다면 별똥별은 어떻게 만드는 걸까?

단계 1 우주에 있는 위성에서 지구를 향해 물질을 방출한다.

단계 2 해당 물질이 지구의 대기권에 돌입하면 공력 가열[1]에 의해 빛을 낸다. 즉, 물질이 플라스마 상태가 되어 빛을 발

---

1   물질이 기체 안을 초음속으로 이동할 때 물질의 선단부에서 공기가 압축되어 고온이 되는 현상.

하는 것이다. 이를 지구에서 보면 마치 별똥별이 떨어지는 것처럼 보인다.

인공 별똥별에는 천연 별똥별에 없는 이점이 있다. 그것은 위치·방향·속도를 제어해서 물질을 방출할 수 있기 때문에 자연스럽게 생성되는 별똥별보다 더 오랜 시간 볼 수 있다는 점이다. 또한 방출 물질을 바꾸면 별똥별의 색을 흰색·분홍색·초록색·파랑색·주황색 등 원하는 색[2]으로 만들 수 있다.

별똥별을 만들어내는 위성은 지구 저궤도라 불리는 궤도로 투입된다. 이 위성의 수를 늘리면 지구 상공에 위성이 존재할 확률도 높아진다. 그렇게 되면 보고 싶을 때 언제든지 인공 별똥별을 볼 수 있다. 일본의 우주 벤처 기업 ALE는 인공 별똥별을 만들 목적으로 이미 위성을 쏘아 올렸으며, 이에 관한 비즈니스를 준비하고 있다.

비즈니스 미래 지도

인공 별똥별의 비즈니스 모델은 불꽃놀이와 유사

인공 별똥별을 연출하는 기업은 인공 별똥별용 위성 제조업체로

---

2 인공 별똥별의 색은 불꽃 반응에 의해 실현된다. 중학교 과학 시간에 많은 이들이 다음과 같은 원소의 불꽃 반응 색을 외웠던 기억이 있을 것이다. 'Li(리튬) 빨강', 'Na(나트륨) 노랑', 'K(칼륨) 보라', 'Cu(구리) 청록', 'Ca(칼슘) 주황', 'Sr(스트론튬) 빨강', 'Ba(바륨) 황록'.

부터 위성을 구입하여 로켓으로 쏘아 올린다. 또는 인공 별똥별을 연출하는 기업이 직접 인공 별똥별용 위성을 개발·제조하는 경우도 있다.

인공 별똥별 서비스는 다음과 같은 시장에 판매된다.

☐ 엔터레인먼트

인공 별똥별은 불꽃놀이 비즈니스와 매우 유사하다. 따라서 불꽃놀이의 비즈니스 모델을 참고하여 인공 별똥별 비즈니스를 예측해 볼 수 있다. 불꽃놀이를 주최하는 지자체나 테마파크, 야구장 운영 회사 등이 '인공 별똥별을 몇 시 몇 분에 몇 발'이라는 형태로 인공 별똥별 연출 기업에 의뢰한다. 또한 코로나 시국을 맞아 전국 각지의 불꽃놀이가 중지되면서 개인용 불꽃놀이 비즈니스가 시작된 것처럼, 인공 별똥별 연출 기업은 일반 가정용, 커플 전용 별똥별 연출 등의 비즈니스를 시작할지도 모른다.

☐ 인공 별똥별 대회

인공 별똥별을 연출하는 기업들이 늘어나면 인공 별똥별도 불꽃놀이처럼 다양한 방식의 연출을 시도할 될 것이다. 예를 들어 아키타현秋田県의 오마가리大曲나 이바라키현茨城県의 쓰치우라土浦 불꽃놀이 대회[3], 서울세계불꽃축제처럼 인공 별똥별을 얼마나 아름답게

---

3 불꽃놀이 대회에서는 불꽃의 '안정도', '원형의 크기', '확장성', '균일한 모양'이 심사 기준이다.

연출할지를 겨루는 대회가 개최되면 수상자는 인공 별똥별의 발주가 증가하는 등의 기회를 잡게 될지도 모른다. 그리고 불꽃놀이 전문가처럼 '인공 별똥별 전문가'와 같은 직업이 생길 가능성도 있다.

ALE는 현재 이와 관련한 비즈니스를 준비하고 있으며, 계획대로 실행된다면 인공 별똥별은 2020년대에 실현될 것이다. 그리고 인공위성 및 그 안에 탑재되는 인공 별똥별 장치가 점차 개량되고 있는 데다, VE(Value Engineering) 등이 진행되면서 비용이 낮아지고 있기 때문에 2030년 이후에는 언제, 어디에서나, 보고 싶을 때 인공 별똥별을 볼 수 있게 될 것이다. 나아가 인공 별똥별 연출 방법의 노하우가 축적되고 인공 별똥별 위성의 대규모 군집이 형성되면서 고품질의 엔터테인먼트화가 진행될 것으로 예상된다.

인공 별똥별은 불꽃놀이처럼 성대한 엔터테인먼트 비즈니스로 발전해 나갈 것이다.

인공 별똥별

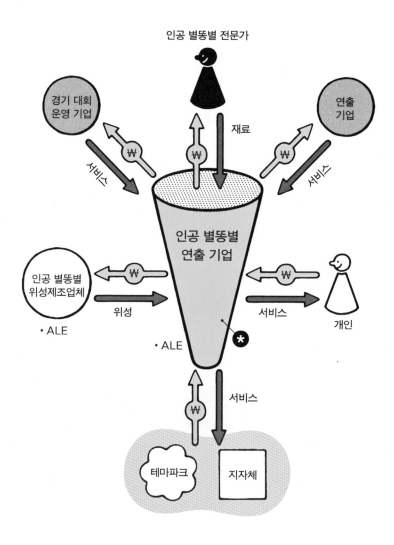

인공 별똥별 전문가

경기 대회 운영 기업

연출 기업

재료

서비스

서비스

인공 별똥별 연출 기업

인공 별똥별 위성제조업체

· ALE

위성

· ALE

서비스

개인

*

서비스

테마파크

지자체

* 현재는 위성 제조업체를 겸하고 있다.

02 #파워 슈트 2020-2030
파워 슈트로 중노동이 사라진다

파워 슈트는 앞으로 더욱 가벼워질 뿐만 아니라 사용자와 한 몸이 되어 보조 능력이 더욱 향상될 것이다. 10~20년 후에는 육체적으로 많은 힘을 필요로 하는 중노동 시장에 큰 변화가 찾아올 것으로 예상된다.

최신 기술

파워 슈트의 동력원은 전동 액추에이터와 인공 근육이다

파워 슈트는 '어시스트 슈트' 혹은 '파워 어시스트 슈트' 등으로도 불린다. 의료나 돌봄 분야에서는 간병인을 보조하고, 물류나 하역 작업에서는 무거운 짐을 들어 올리는 등 다양한 환경에서 신체를 보조하는 역할을 한다. 파워 슈트를 사용하면 작업 시간을 단축할 수 있을 뿐 아니라, 안전성도 향상된다. 파워 슈트의 동력은 전동 액추에이터(actuator, 작동기)[1]와 인공 근육[2]이다. 종류는 크게 옷처럼 입는 타입과 외골격처럼 몸에 장착하는 타입으로 나눌 수

---

1   전기의 동력원과 기구 부품을 조합해 기계적인 작동을 하는 장치를 말한다.
2   생체의 근육 조직을 공학적으로 모방한 액추에이터의 일종. 인공 근육에는 압전식, 형상기억 합금형, 정전식, 압축 공기식과 합성수지 등 고분자를 이용한 것이 있다.

있다. 2021년 기준으로 20kg의 중량물을 들어 올릴 때 10~30%의 힘을 보조할 수 있는 파워 슈트가 판매되고 있다. 일본에서는 INNOPHYS, CYBERDYNE, ATOUN(아토운)이 파워 슈트를 개발하여 비즈니스를 펼치고 있다.

미래의 파워 슈트는 소형화, 경량화에 성공해 지금보다 부피가 줄어들고, 보조 능력 또한 더욱 향상할 것으로 기대된다.

비즈니스 미래 지도

여성이나 고령자도 쉽게 중노동 시장에 참여

파워 슈트는 중노동 직업으로 여겨지는 물류, 공장, 건축, 토목, 농업, 의료 · 돌봄 등과 관련된 시장에 판매된다.

□ 물류, 공장, 건축, 토목, 농업

선박 등으로 운반된 대형 컨테이너에서 하역하거나 선적하는 작업의 경우, 작업자 한 명이 하루에 옮기는 화물의 총중량은 수톤에 이른다. 따라서 작업자의 신체(특히 허리)에 가해지는 부담은 상상을 초월한다고 한다. 이 같은 현장에 파워 슈트가 도입되고 가격이 더욱 저렴해지면 더욱 널리 이용될 수 있을 것이다. 토목이나 농업 시장에서도 마찬가지다.

□ 의료, 돌봄

'돌봄을 받는 쪽의 자립 지원'과 '돌보는 쪽에 대한 지원' 양쪽 모두를 충족시킬 수 있는 파워 슈트가 판매된다. 예를 들어 '돌봄을 받는 쪽의 자립 지원'의 경우, 후유증의 기능 회복을 지원하는 재활 훈련과 고령자의 노화[3] 예방 대책 등에 이용된다. 프로 스키 선수인 미우라 유이치로三浦雄一郎 씨도 **CYBERDYNE**의 '**HAL**'이라는 파워 슈트를 사용해 재활 훈련을 했다고 한다. 그는 경막외혈종이 발병하여 거의 누워서만 생활했는데, 파워 슈트를 이용한 재활 훈련을 통해 경이적으로 회복할 수 있었다. 이후 그는 후지산 중턱에서 도쿄 올림픽의 성화 주자를 맡기도 했다.

□ 엔터테인먼트, 스포츠

굳이 CG를 사용하지 않는 특수촬영 영화에서도 활약할지 모른다. 배우가 파워 슈트를 입으면 거대하고 무거운 물건을 들어 올리는 장면을 연출할 수 있기 때문이다. 또한 스포츠 분야에서는 역도의 자세 등을 확인하는 데에도 이용할 수 있을 것이다.

지금까지 살펴본 것처럼 파워 슈트의 판매처는 B to B가 주를 이룬다. 그러나 향후에는 B to C(일반 가정)용 시장으로까지 더욱 확

3　나이가 들면서 운동 기능이나 인지 기능이 저하되어 생활 기능에 장애가 나타나 심신이 취약해진 상태를 말한다.

대될 것으로 예상된다. 일반 가정에서도 몸이 불편한 고령자나 이사 작업, 가구 재배치 등에서 파워 슈트가 당연하게 사용되게 되는 시대가 올 것이다.

파워 슈트는 벤처 중심의 개발 실험 단계에서 본격적인 실용 단계로 이행하고 있다. 현재 파워 슈트의 가격대는 100만엔(한화 1천만원 정도) 이하가 보통이다. 또한 월 20만엔(한화 2백만원 정도) 정도로 이용할 수 있는 비즈니스 모델도 있다. 향후 대량 생산이 가능해지면 파워 슈트의 가격은 더욱 하락하고, 기술 개발을 통해 시장 또한 확대될 것이다. 그렇게 되면 B to B 외에 B to C용 파워 슈트도 널리 보급될 것으로 보인다. 구입뿐만 아니라 임대, 리스, 정액제 사용 등의 비즈니스 모델도 도입되어 새로운 시장 확대의 요인으로 자리 잡을 것이다.

이 모든 것들이 실현되기까지는 아마도 10~20년 정도의 시간이 걸린 것으로 예상된다. 파워 슈트의 보급을 통해 누구나 많은 힘을 들이지 않고 중노동을 할 수 있을 것이므로, 여성이나 고령자들도 육체노동 시장에 적극적으로 발을 들여놓을 것이라 생각한다.

파워 슈트

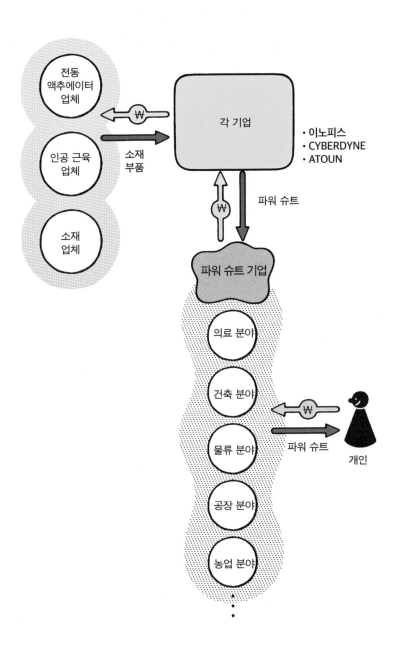

전동
액추에이터
업체

인공 근육
업체

소재
부품

소재
업체

각 기업

• 이노피스
• CYBERDYNE
• ATOUN

파워 슈트

파워 슈트 기업

의료 분야

건축 분야

물류 분야

공장 분야

농업 분야

파워 슈트

개인

#패션 테크놀로지 2020-2030

센스가 없으면 어때!
어울리는 옷을 AI가 골라 준다

20대부터 40대 여성의 약 90%가 옷을 고를 때 실패해 본 경험이 있다고 하는데[1], 앞으로 이런 고민은 사라질 것이다. AI나 VR 기술을 구사하면 옷 선택에 고민할 필요가 없는 미래가 온다..

최신 기술

AI와 VR를 사용하면 내게 잘 어울리는 옷을 고를 수 있다

옷을 고르는 데 애를 먹거나 시간이 걸리는 것은 여성들만이 아닌 남성들의 고민이기도 하다. 그러나 수년 후에는 인공지능 AI[2]나 VR[3] 기술을 사용함으로써 '자신에게 아주 잘' 어울리는 옷을 '틀림없이' 찾아낼 수 있게 된다. 의류 매장에는 카메라가 장착된 디스플레이가 있어서 그 앞에 서기만 하면 얼굴, 키, 다리나 팔의 길이, 체형 등을 측정해 준다. 이미 많은 사람의 신체 데이터가 빅데이터화

---

1   20대부터 40대 여성을 대상으로 실시한 앙케트 결과에 근거한다(2020년, ICB).
2   Artificial Intelligence'의 약어. 인간의 다양한 지각이나 지성을 인공적으로 재현한 것이다.
3   가상현실. 'Virtual Reality'의 약칭으로, VR를 이용해 실제에 가까운 체험을 할 수 있다.

되어 있기 때문에 AI가 디스플레이 앞에 선 사람에게 가장 잘 어울리는 다양한 패턴의 옷을 제안하는 서비스를 제공한다. 또한 디스플레이 앞에서는 옷을 실제로 입어 보는 것과 유사한 체험을 할 수 있다. 직원을 불러 입어보고 싶다고 부탁할 필요도 없고, 일부러 피팅룸에 들어갈 필요도 없다. 이와 관련하여 이미 **넥스트 시스템**과 공동으로 **라쿠텐 기술연구소**와 'ZOOTIE'가 시착 서비스를 제공하고 있다. 옷뿐만 아니라 신발, 손목시계, 가방 등도 AI나 VR로 '시착'할 수 있다. 손목시계 대여업체인 **나나시**에서는 'KARITOKE'라는 서비스를 제공하여 고급 손목시계의 VR 시착을 실현하고 있다. 또한, 가죽 제품 브랜드 'objcts.io'에서도 가방 등의 VR 시착을 실시하고 있다. 그렇지만 실제로 입어 보거나 착용해 보지 않는 이상, 역시 사이즈나 입었을 때의 느낌이 달라질까 봐 걱정이라는 사람도 있을 것이다. 하지만 그런 걱정은 하지 않아도 된다.

도쿄대학에서 출발한 벤처 기업인 'Sapeet'는 사용자와 같은 크기의 아바타에 옷을 입혀 팔이나 배 등의 조이는 정도를 히트 맵으로 확인할 수 있는 기술을 개발하고 있다.

비즈니스 미래 지도

집 안에서 쇼핑, 그리고 대여

이제 옷가게는 '실제 점포'와 '가상공간의 점포'가 공존할 것이고, 가상공간의 점포를 방문하는 손님이 더 많아질지도 모른다.

Psychic VR Lab의 'STYLY', Alibaba의 'BUY+', Amazon의 'VR 쇼핑', 에스큐비즘의 'EC-ORANGEVR', 하코스코의 'VRforEC', eBay의 'VR 백화점', KABUKI의 'kabuki 페디아', HIKKY 등은 현재도 VR로 가상공간에 상업 시설을 재현하여 판매하고 있다. 즉, 매장에 가지 않고도 집에서 편리하게 시착이 가능해진 것이다. 이 경우 자택에서도 정확한 측정이 가능하도록 계측용 슈트를 입거나, 스마트폰 카메라와 앱을 사용해 신체를 촬영하는 등의 방법을 통해 체형과 사이즈를 측정한다. 또 해당 앱으로 신체적인 특징뿐만 아니라 얼굴, 표정, 분위기, 인상, 기분도 데이터로 저장한다. 이러한 데이터들을 기반으로 그 사람에게 어울리는 옷, 구두, 손목시계, 가방 등을 상황에 맞춰 제안할 수 있다.

또한 스마트폰의 앱으로 AI와 대화를 나누면서 패션을 제안받는 기술도 있다. 유명인의 패션 스타일을 도입하거나 사용자가 원하는 가격대 등을 고려하여 다양한 브랜드의 옷을 제안해 준다.

더 나아가 옷을 사지 않아도 되는 미래를 예상할 수도 있다. 그 이유는 무엇일까? 일본은 인구의 약 40%가 아파트 등의 공동주택에 살고 있다. 최근에 지어진 아파트들은 대부분 수납 공간이 작기 때문에 계절 별로 옷을 수납하는 데 곤란을 겪을 때가 많다. 짐 보관 서비스나 트렁크 룸을 이용하는 방법도 있지만 생각보다 많은 비용이 든다. 만약 옷을 사는 시대에서 대여하는 시대로 변한다면, 사람들은 저렴한 가격으로 늘 새 옷을 입을 수 있고 색다른 옷을 시도해

볼 수도 있을 것이다(단, 속옷은 예외로 하겠다).

2021년을 기준으로 **에어클로젯**airCloset, **스트라이프 인터내셔 널**의 '**메차카리**', **GRANGRESS**의 'Rcawaii' 등이 옷 대여 비즈니 스를 전개하고 있다. 사용자의 기호나 체형, 상황 등에 대한 요구 를 토대로 전문 스타일리스트가 옷을 제안하는 방식의 서비스를 펼친다.

그러나 미래에는 앞서 언급한 AI나 VR 기술을 구사해서 TPO에 맞는 옷을 제안하여 대여하는 비즈니스가 주류를 이룰 것이다. AI나 VR 기술을 사용하여 옷을 고르는 방식은 이미 실현되고 있기 때문 에, 보급되기까지 그리 오랜 시간은 걸리지 않을 것이다.

패션 테크놀로지

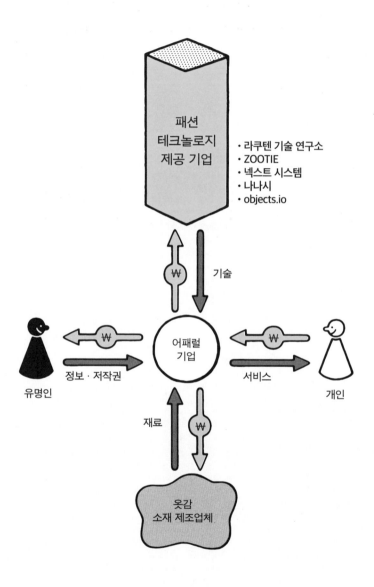

패션
테크놀로지
제공 기업

- 라쿠텐 기술 연구소
- ZOOTIE
- 넥스트 시스템
- 나나시
- objects.io

기술

₩

어패럴
기업

정보 · 저작권

서비스

유명인

개인

재료

₩

옷감
소재 제조업체

3D 메이크업 프린터로
전자동 메이크업을 한다

'화장할 시간이 없어', '화장하는 게 귀찮아'라고 생각하는 털털한 성격의 사람에서부터 '아이라인이 예쁘게 그려지지 않아', '모공이나 주름, 잡티를 완벽하게 가리고 싶어'라는 기능적인 고민을 하는 사람에 이르기까지 메이크업 프린터가 이를 간단하게 해결해 준다.

최신 기술

어떤 메이크업도 디지털 기술로 완벽하게, 원하는 대로 한다

좋아하는 탤런트나 여배우의 화장을 쉽게 따라할 수 있는 3D 메이크업 프린터가 있다. 먼저 인스타그램 등의 SNS나 인터넷상에서 좋아하는 이미지를 선택한다. 그리고 스마트폰의 전용 앱으로 해당 이미지를 불러들인 다음, 이미지에서 메이크업 부분을 선택해 확대한 후 전용 3D 프린터로 인쇄하면 된다. 전용 3D 프린터에서는 잉크가 아닌 메이크업 파우더로 인쇄된 시트가 출력된다. 프린트에 걸리는 시간은 1매당 겨우 15초. 이 시트 모양의 메이크업 파우더를 손가락으로 문질러 자신의 얼굴에 메이크업하는 것이다. 이 메이크업 파우더는 자그마치 1,670만 가지 색을 재현할 수 있다. 이미 미국에서는 Mink의 'Mink Printer'가 판매되고 있다. Mink Printer의 메이크업 파우더는 미국식품의약국 FDA가 인증한 것으로, 보통 화장품과 마찬가지로 안전성이 보장되었다.

또 **파나소닉**은 인쇄해서 붙이는 '**메이크업 시트**'를, P&G는 'Opté Precision Skin care System'이라는 휴대용 사이즈의 잉크 젯 프린터를 개발했다. Opté는 피부를 자동으로 스캔해서 잡티, 기미, 여드름, 상처, 홍조 등 신경이 쓰이는 부분에만 컨실러를 뿌려 준다. LED 광선으로 피부를 조사하여 카메라로 고속 촬영한 후 피부 표면의 기미를 검출하면 해당 기미에만 전용 미립자 컨실러를 노즐로 분사하는 구조다.

그 밖에 얼굴을 넣기만 하면 이상적인 풀 메이크업이 완성되는 메이크업 프린터도 있다. 스킨케어 제품을 개발하는 스웨덴 기업 FOREO의 'MODA™'라는 3D 메이크업 프린터는 최신 트렌드의 메이크업이나 연예인 및 유명인의 메이크업이 스마트폰의 전용 앱에 저장되어 있다. 사용자가 앱에서 원하는 메이크업을 선택하고 메이크업 프린터에 자신의 얼굴을 넣기만 하면 이상적인 풀 메이크업이 완성된다는 획기적인 제품이다. 메이크업이 완성되기까지의 시간은 단 30초라고 한다. 더욱이 이 메이크업 프린터에는 '3D 페이셜 스캐닝 시스템'이라는 기술이 도입되어 있는데, 이는 페이셜 매핑 소프트웨어와 생물 측정 렌즈를 사용해서 얼굴의 조형을 분석하는 것이다.

이 기술을 통해 잡티나 기미가 없는 예쁜 화장을 실현할 수 있다. 또한 피부 알레르기가 있는 사람도 안심할 수 있는 메이크업 용품을 사용하고 있다.

비즈니스 미래 지도
메이크업용품, 가전이 되는 시대

□ 메이크업 가전

일반 가정용 가전으로 분류된다. 앞으로는 여성뿐만 아니라 남성을 위한 메이크업 프린터도 보급될 것이다. AI가 그날의 기분이나 예정된 상황을 토대로 매칭한 메이크업을 제안해 준다.

□ 스킨케어 가전

피부의 결이나 주름의 상태를 판단해서 최적의 스킨케어를 선택할 수 있는 메이크업 프린터가 개발된다. 피부의 아름다움을 과학적으로 추구하고 유지하기 위한 안티에이징 분야도 더욱 발전한다.

□ 신규 메이크업 교육

디지털 기술을 사용한 가상 메이크업이나 메이크업 시뮬레이션 툴로 메이크업을 연습하는 일이 일상이 될지 모른다. 메이크업 스쿨에서도 메이크업 기술을 가르치기보다는 컴퓨터 수업이나 디자인 수업에 가까운 내용으로 디지털 기술을 능숙하게 다루는 법을 가르칠 것이다.

□ 예능·연극

예능 · 연극 분야에서 메이크업은 필수이므로, 이 기술은 무대 뒤에서 연기자들이 메이크업을 바꿀 때에도 크게 활용될 것이다.

메이크업 프린터 등의 디지털 메이크업 디바이스가 널리 보급되어 실적이나 관련 사례가 쌓이게 되면 개인에 대한 서비스의 커스터마이즈화, 서비스의 질적 향상 및 대량 생산을 통해 가격이 보다 저렴해질 것이다. 물론 초기의 가격대는 고가여서 판매 대상이 부유층으로 한정되겠지만, 최종적으로는 보통 가전 수준의 가격으로 하락해 일반 가정에까지 보급될 것으로 예상된다.

3D 메이크업 프린터

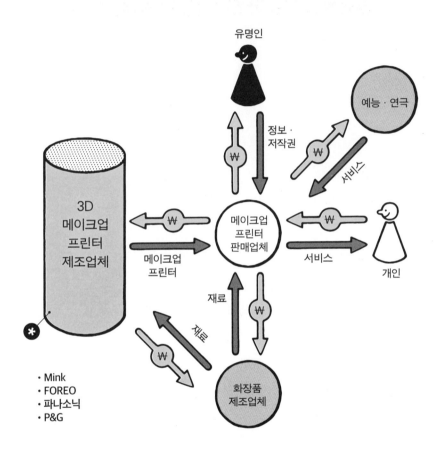

#범죄 예측 2030-2040

AI가 범죄를 예측!
범죄를 저지르기 전 수상한 사람을 잡는다

AI가 범죄를 예측해 누구나 언제든지 안심하고 생활할 수 있는 미래가 곧 실현된다.

최신 기술

화상인식 AI와 특수한 알고리즘으로 범죄를 예측한다

범죄 예측에 관하여 현재 상용되고 있는 핵심 기술은 '화상인식 AI(인공지능)'[1]와 '특수한 알고리즘'이다.

범죄를 저지르려는 사람은 보통 사람과는 다른 특징적인 움직임이나 표정을 보인다고 한다. 그래서 방범 카메라를 이용해 실시간으로 촬영하면서 AI로 분석하면 범죄를 저지르려는 사람을 특정할 수 있다. 그 움직임의 변화가 너무 작아서 보통 인간의 눈으로는 식별하는 데에 한계가 있지만, 화상인식 AI라면 순간적인 화상의 변화까

1　화상인식 AI는 다음과 같은 분야에도 활용되고 있다. 2017년 Google의 AI가 NASA의 우주 망원경이 관측한 방대한 데이터를 분석해 새로운 태양계 외의 혹성을 발견했는데, 이는 AI가 발견한 최초의 혹성이다.

지도 자동으로 파악할 수 있다. 그리고 행동에 의심스러운 점이 있는 사람을 특정하여 그 사람에게 음성으로 주의를 주거나 라이트로 빛을 비추는 등의 시스템을 구축하면 범죄의 억제로 이어진다.

일본전기(NEC)나 **후지츠** 등은 AI와 같은 기술을 사용해 방범 카메라의 영상으로 수상한 사람을 실시간 검지할 수 있는 기술을 보유하고 있다. 그 밖의 다른 기업은 동영상에서 수상한 사람의 신체 진동 성분을 추출해 정신 상태를 해석하여 가시화할 수 있는 기술을 보유하고 있다.

또한 일본의 'Singular Perturbations'는 세계 최고의 정밀도를 자랑하는 범죄 예측 알고리즘을 독자적으로 개발하였는데, 이를 이용해 일본 국내외 경찰·정보기관 전용의 범죄 예측 소프트웨어 **'CRIME NABI'**를 개발했다. CRIME NABI는 언제 어디에서 범죄가 일어날지를 예측하는 시스템으로, AI 엔진은 특허를 취득했다. CRIME NABI에는 과거의 범죄 정보, 도시에 관한 정보(어디에 무엇이 있는지 등), 지리 정보(위도, 경도, 고도 등)가 인풋되어 있다. 이 인풋 정보를 토대로 시간 정보를 통한 예측, 공간 정보를 통한 예측을 가시화한다. 가시화된 결과는 지도상에 윤곽도로 표시되는데 녹색은 안전, 주황색은 위험을 나타내고, '↑'는 실제 범죄 발생 지점을 나타낸다. 나아가 최적의 경비 경로도 지도상에 표시되므로, 경찰이나 지자체 등의 순찰 업무에 유용하게 활용될 수 있다.

비즈니스 미래 지도

'범죄 방지'라는 새로운 비즈니스 모델

범죄 예측 비즈니스는 지금까지 없었던 새로운 비즈니스 모델이 될 것이다. 범죄 예측 서비스를 제공하는 기업은 AI나 분석 알고리즘 등을 구사한 시스템을 개발해 아래와 같은 시장에 판매하거나 관련 서비스를 제공한다.

□ 지자체, 공공기관

학교, 지자체, 경찰 등의 공공기관에 판매하고, 판매 후의 유지 관리·운용도 담당한다. 또한 시스템을 판매하지 않고 서비스를 제공하는 방식의 비즈니스도 가능한데, 이미 설치되어 있는 거리의 방범 카메라를 이용해서 수상한 사람을 찾아내는 서비스를 운용하는 것이다. Singular Perturbations는 도쿄도 아다치구東京都足立区에서 범죄 예측 앱 'Patrol Community'를 실험적으로 도입했는데, 방범 경찰차가 이 앱을 활용해 순찰 중에 공연음란범죄 사건의 범인을 검거했다고 한다.

□ 소매점, 편의점

슈퍼나 편의점 등에도 마찬가지로 시스템의 판매나 유지 관리·운용을 실시한다. 매장에 들어오기 전 손님의 행동을 분석하거나 매장안 방범 카메라 영상을 해석하는 등 도난을 방지하고 적발하는 일 등에 활용된다.

□ 금융기관

최근 은행 강도 범죄는 감소하고 있지만, 현금 수송 시 도난 위험은 여전히 존재한다. 이 시스템을 활용하면 사전에 범죄를 막을 수 있을 것이다.

□ 경비, 보안 회사

이벤트 장소에 대한 경비나 주요 인물의 경호 등에 이 시스템을 활용하면 범죄를 미연에 막을 수 있다.

범죄 예측 시스템과 관련한 실적이 쌓이게 되면 그 필요성과 중요성에 대한 인지도가 서서히 높아질 것이다. 앞서 소개한 시장에 단번에 도입되기까지는 그리 많은 시간이 걸리지 않을 것으로 보인다.

범죄 예측

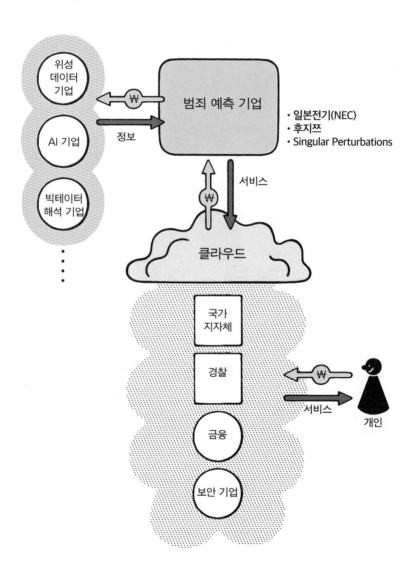

06 #보안 컴퓨팅 2030-2040

정보를 보호하는 '보안 컴퓨팅'은 누구나 이용하는 서비스로 사용된다

보안 컴퓨팅이 보급되면 비밀 정보를 안전하게 교환할 수 있다. 이를 통해 개인의 사적 정보나 기업의 비밀이 보호되는 미래를 맞을 것이다.

최신 기술

보안 컴퓨팅은 암호, 정보 분할, 분산 처리 기술이 핵심이다

보안 컴퓨팅은 우리에게 개인 정보가 보호되는 안심할 수 있는 미래를 가져다줄 것이다. 보안 컴퓨팅은 '암호 계산'이라고도 불리며, 영어로는 'Secure Computing'이다.

보안 컴퓨팅에 대해 알아보려면 먼저 일반 컴퓨팅과의 차이를 이해해야 한다. 일반 컴퓨팅에서는 암호 데이터를 이해할 수 있는 상태로 바꿔 분석하지만, 보안 컴퓨팅은 데이터를 암호화한 상태(즉, 내용을 이해할 수 없는 상태)에서 분석할 수 있는 대단한 기술이다. 따라서 이 기술은 사용자의 개인정보 보호를 최우선으로 생각하는 기업에서 특히 유용하게 사용될 것이라는 점은 말할 필요도 없다. 일본에서는 **일본전기**(NEC), **NTT 커뮤니케이션**, Digital Garage, ZenmuTech, ACompany, EAGLYS 등이 관련 기술 개발에 착수했다.

□ 비밀 분산+MPC (Multi-Party Computation)

비밀 분산이란, 원래의 데이터를 몇 개의 단편 정보(셰어)로 분할해 데이터의 의미를 없애는 구조를 말한다. 따라서 셰어는 그 단일체만으로는 원 데이터의 정보를 알 수 없게 되어 있어 일부의 셰어가 누군가에게 유출되더라도 원 데이터의 내용은 알려지지 않는다. 또한 필요한 셰어를 정렬하면 원 데이터로의 복원이 가능하다. MPC는 암호화된 데이터를 몇 개의 서버에 분산시킨 후 복수의 서버와 통신하면서 동일한 계산을 동시에 실시하여 계산 결과를 통합한다[1]. 한 대로 계산할 때보다 계산 속도가 떨어진다는 단점은 있지만, 비밀 분산을 이용한 암호화 상태를 유지하면서 계산한다는 점에서 데이터의 안전성을 높일 수 있는 이점이 있다.

□ 완전 준동형 암호

완전 준동형 암호란, 암호화된 데이터 상태 그대로 연산할 수 있어 해당 데이터를 복호한(암호를 푼) 것과 암호화하지 않는 데이터의 연

---

1 MPC를 기반으로 한 보안 컴퓨팅에 관한 연구는 1980년대부터 이루어져 왔지만, 사회에서 활용하려면 상당한 컴퓨팅 자원이 필요하므로 실용적이지 않다는 점이 커다란 과제였다. 그러나 최근 컴퓨팅 자원의 저가화 및 클라우드의 진화에 의해 이 문제는 크게 개선되었다.

산 결과가 같아지는 암호 방식을 말한다. 정보의 암호를 풀면 정보가 다른 사람에게 노출될 위험성이 있지만, 완전 준동형 암호를 사용하면 이와 같은 위험을 배제할 수 있다.

보완 컴퓨팅을 금융, 의료 등 다양한 종류의 비즈니스에 활용

보안 컴퓨팅을 개발한 기업이 클라우드 서비스를 시작하고, 서브스크(서브스크립션의 줄임말. 구독형 서비스를 말함-옮긴이) 등과 같은 방식으로 아래의 시장에 보안 컴퓨팅 서비스를 제공할 것이다.

□ 제조업, 연구 기관

보안 컴퓨팅은 기술 노하우나 특허 정보, 도면 등의 데이터를 클라우드상에서 관리할 때 큰 도움이 된다. 또한 공장이나 거점 간의 정보 공유, 송부 등에도 활용된다.

□ 의료

보안 컴퓨팅 기술을 적용하면 공유가 어려운 복수 병원 간의 의료 데이터도 개인 정보를 보호한 상태에서 공유할 수 있다.

□ 금융

고객의 자산 상황, 예금, 융자 등의 정보를 보안 컴퓨팅으로 관리하고, 부정 송금 등의 범죄도 방지할 수 있다. EAGLYS는 JR 동일본의 교통 IC 카드 'Suica'의 데이터 분석에 보안 컴퓨팅을 도입하기 위한 검증을 진행하고 있다는 보도가 있다.

□ 보안

생체 인증(얼굴, 지문, 정맥 등)에 사용되는 생체 정보에 대한 클라우드상의 안전 관리와 분석, 조합에 보안 컴퓨팅이 활용된다.

Digital Garage 등이 '보안 컴퓨팅 연구회'를 설립해 보안 컴퓨팅의 기술 평가 기준을 책정하고 있으며, Acompany는 **나고야대학 의학부 부속 병원**과 보안 컴퓨팅에 관한 공동 연구를 시작했다. 또한 **NTT 커뮤니케이션**은 클라우드형 보안 컴퓨팅 서비스 '**세키비**'를 이미 제공하고 있다. 이러한 움직임을 감안하면 보안 컴퓨팅 기술의 실증 사례가 서서히 증가·보급되면서 가격대가 낮아질 것으로 예상된다. 안티바이러스 소프트웨어처럼 보안 컴퓨팅도 누구나 당연히 이용할 수 있는 미래가 올 것이다.

보안 컴퓨팅

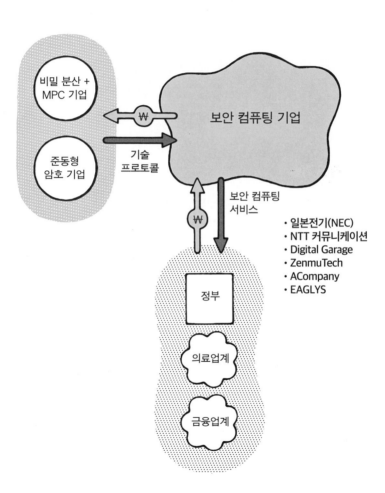

비밀 분산 +
MPC 기업

준동형
암호 기업

기술
프로토콜

보안 컴퓨팅 기업

보안 컴퓨팅
서비스

정부

의료업계

금융업계

• 일본전기(NEC)
• NTT 커뮤니케이션
• Digital Garage
• ZenmuTech
• ACompany
• EAGLYS

07 #양자 암호 통신 2030-2040

양자 암호 통신으로
정보를 암호화하여 지킨다

앞에서 소개한 보안 컴퓨팅은 암호 상태에서 계산할 수 있는 방식이지만, 여기서 다루게 될 '양자 암호 통신'은 양자 키 배송 서비스를 말한다. 정보 사회에서 암호 기술은 중요한 역할을 한다.

최신 기술

양자 암호 통신은 양자의 경로를 사용해 정보를 암호화한다

비밀성이 높은 정보에는 양자 암호 통신을 사용하게 될 것이다. 암호 기술은 정보의 조작이나 도청 등을 방지하기 위한 대책에 꼭 필요한 미래 기술이다. 일반적인 암호 통신의 경우, 정보 송신자는 보내는 정보를 '암호 키(어떠한 암호 형식에 따라 정보를 암호화하는 방식, 프로토콜)'로 암호화한다. 수신자는 받은 정보를 동일한 암호 키를 사용해 암호를 풀어 원래의 정보로 되돌려 정보를 얻는다.

한편 양자 암호 통신이란, 앞서 언급한 암호 키만 '양자 경로'[1]를

---

1   양자 역학에 의거한 광자를 이용한다. 각각의 광자에 정보를 실어 송신자로부터 수신자에게로 송신을 반복하여 암호 키를 만든다.

⇒ 2020   2030

사용해 전송하는 통신이다. 이 양자 키의 배송을 **QKD**(Quantum Key Distribution)라 하는데, QKD는 지상의 광섬유망을 이용한 것[2]과 우주 위성을 활용한 것이 있다. 후자는 우주의 위성에 탑재한 양자 키 배송 장치로부터 광자(레이저)를 통해 암호 키를 송신한다. 이 경우, 대기권을 통과하기 때문에 광자가 잘 감쇠하지 않는다는 이점이 있고, 전송 거리도 약 1,000km까지 늘릴 수 있다. 하지만 위성이 고속으로 지구 주위를 돌고 있기 때문에 통신이 가능한 시간이 한정되어 있다는 단점이 있다. 현재 일본(**총무성, NICT**), 중국[3], 이탈리아, 독일, 스페인, 오스트리아, 캐나다 등이 위성을 사용한 양자 열쇠 키 배송 QKD의 실증 단계에 와 있다.

현재 제품화되고 있는 양자 암호 통신 시스템은 복잡한 광 회로로 구성되어 있어 대규모 시스템 구축이 필요한 금융 분야나 의료 분야에서의 이용을 고려하고 있다. 향후 더 소규모의 영역(예를 들면 공장 간의 교환 등)까지 확대하려면 시스템의 소형화, 경량화, 저소비 전력화가 필수이다.

2021년 10월, **도시바**는 기존의 광학 부품으로 바꾸어 광집적회로화한 '양자 송신 칩', '양자 수신 칩', '양자 난수 생성 칩'을 개발하여 이들이 포함된 '칩 기반 양자 암호 통신 시스템'의 실증에 성공했다.

---

2   양자 암호 통신은 광자라는 매우 미약한 빛을 사용하기 때문에 지상의 광섬유망에 실어 광자를 송수신하면 광섬유의 전송 손실로 인해 광자가 감쇠해 버린다는 과제를 안고 있다. 도시바는 2021년 6월에 600km의 전송 거리를 달성했다.

3   2020년 6월 중국과학기술대학은 세계 최초의 양자 과학 실험 위성 '墨子'로 1,120km 거리의 양자 암호 통신을 실현했다고 중국의 기관지인 인민망 일본어판에 공표했다.

비밀성이 높은 정보를 취급하는 시장에 도입될 양자 암호

양자 암호 통신은 비밀성이 높은 정보를 교환하는 시장에 도입된다. 양자 암호 통신 시스템을 개발, 제조하는 기업은 과점 상태가 되어 이 통신 시스템을 판매하고, 양자 키 배송 QKD의 유지 관리·운용도 담당하게 된다.

□ 군사, 방위

양자 암호 통신 시스템을 정부에 납품하여 양자 키 배송 QKD의 유지 관리·운용까지 담당한다. 또한 경찰 관련 분야에도 양자 암호 통신이 보급될 것이다.

□ 금융기관

금융업계의 특성상 자금 결제 정보나 고객의 비밀 정보를 송수신할 경우에 정보 조작이나 부정 침입을 방지하는 시스템을 필요로 한다. 이 같은 요구는 특히 미국의 금융업계에서 두드러지게 나타난다.

□ 의료

의료 기관에서 취급하는 정보의 비밀성은 높다(개인정보, 진단 결과, 유전 정보 등). 따라서 여러 의료 기관이 서로 정보를 공유할 때 양자 암호 통신이 활용된다. 2021년 기준으로 **도시바, 도호쿠대학 도호쿠 메디컬 메가 뱅크 기구, 도호쿠대학병원, 정보 통신 연구 기구 NICT**는 양자 암호 통신과 보안 컴퓨팅 기술을 조합한 '데이터 분산 보관 기술'을 개발했는데, 대규모 게놈 해석 데이터(약 80GB)를 복수 거점에 분산하여 안전하게 백업 저장하는 실증 실험에 성공했다.

양자 암호 통신에 관한 지금까지의 역사로 미루어 보아 군사·방위용으로 정부 자금이 투입되고 기술 개발이 진행되면서 다른 시장에도 자연스럽게 침투할 것으로 예상된다.

도시바 등의 계획을 감안하면 2025년경까지 금융, 의료 시장을 중심으로 양자 암호 통신이 시작되고, 2035년경에는 시장이 더욱 확대될 것이다. 위성을 사용한 양자 암호 통신도 정부의 실증 사업 등을 거쳐 점차 발전할 것으로 예상된다.

양자 암호 통신

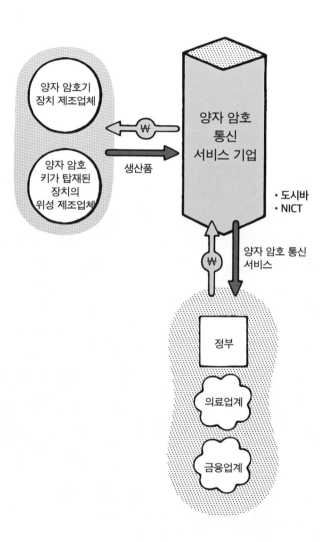

08 #디지털 트윈 2030-2040
디지털 트윈 기술이
미래를 정확하게 예상한다

가상공간에 현실 세계를 재현할 수 있는 '디지털 트윈 기술'이 개발되고 있다. 2030년 이후에는 디지털 트윈을 이용해 모든 상황을 정확하게 예상할 수 있는 미래를 맞이할 것이다.

최신 기술

디지털 트윈은 위성 화상과 AI, 3D CG 기술 등으로 실현된다

디지털 트윈이란, '실제 공간에 있는 정보를 수집해 가상공간에 실제 공간을 재현하는 기술'이다. 즉, 현실 세계의 데이터를 토대로 가상공간에 현실 세계를 재현하는 것이다. 그야말로 평행 세계라 할 수 있다. 디지털 트윈 기술을 사용하면 가상공간에서 사실적으로 시뮬레이션이 가능하다.

일본의 벤처 기업 'SpaceData'는 위성 이미지와 AI, 3D CG의 세 가지 기술을 융합해 지구 규모의 가상공간을 창조하는 계획을 진행 중이다. 나아가 이 가상공간은 사람의 손이 아니라 AI에 의해 자동적으로 생성된다. 방대한 위성 이미지를 AI에 학습시켜 지구의 지리 공간 정보를 이해시키고, 3D CG 기술로 또 하나의 '지구'인 가상공간을 창조하는 것이다. 위성 이미지(정지 이미지)와 표고 데이터를 기계 학습하여 AI에 지상의 3D 모델을 자동 생성시키고, 3D CG 기술을 이용해 돌, 철, 식물, 유리 등 섬세한 재질도 자동적으로 재현할 수 있다.

미국의 벤처 기업인 'Symmetry Dimensions'는 도시의 교통, IoT 등 다양한 데이터를 플랫폼상에서 통합하여 누구나 쉽게 디지털 트윈을 이용할 수 있도록 서비스를 제공한다. 인터넷상의 오픈 데이터나 각 기업이 제공하는 API를 간단히 접속함으로써 누구나 분야별 디지털 트윈을 구축할 수 있는 세계를 만들고자 하는 것이다.

비즈니스 미래 지도

가상공간 안에서 '무엇이든 자유롭게' 실현시킬 디지털 트윈

디지털 트윈 기술을 통해 초고속으로 정보를 처리, 분석, 가시

---

1 API란 소프트웨어나 애플리케이션 등의 일부를 외부에 공개하는 것으로, 타인이 개발한 소프트웨어와 기능을 공유할 수 있는 창구와도 같다.

화할 수 있다면 실시간으로 현상을 파악하거나 미래를 예상할 수도 있다.

디지털 트윈을 이용하면 현실의 구체적인 도시나 지역을 가상공간 안에 만들어 낼 수 있다. 예를 들어 '기업의 사업에 필요한 가상공간', '젊은 층을 겨냥한 가상공간', '친구 등의 그룹이 이용하는 가상공간', 'SNS용 가상공간', '대전용 게임의 가상공간', '음식 정보용 가상공간', '피난 · 방재 훈련용 가상공간', '경제 실증용 가상공간' 등 그 활용 방법은 무궁무진하다.

SNS 또한 가상공간으로 이동할 것으로 보이는데, 맛집이나 인스타그램의 핫 플레이스를 가상공간상에서 태그를 붙여 공유할 수 있다. 또한 가상공간에서 게임을 즐길 수도 있다.

닌텐도 게임 '스플래툰'처럼 실제와 똑같은 건물을 더럽히거나 때려 부숴도 가상의 공간이므로 실제로는 아무런 영향이 없다.

지금까지는 2차원(블로그, SNS 등)에서 동영상(Youtube 등)으로 발전해 왔지만, 미래에는 가상공간이 SNS를 채우게 될 것이다.

그 밖에도 자동차 운전 연습, 비행기 조종 훈련, 학교나 기업의 피난 훈련부터 대규모 군사 훈련에 이르기까지 모두 가상공간에서 행할 수 있다. 여기에 사실적인 감각을 느낄 수 있는 센싱 기기까지 장착되면 더욱 사실적인 현장감을 맛볼 수 있을 것이다.

자신만의 범위(주변 수백 미터 정도) 안에서의 일기 예보도 가능할 것이다. 그 밖에도 현지의 도로 상황이나 주차 공간의 여유 정보를 예측할 수도 있을 것이며 대통령, 국무총리, 각국 주요 기관의 수장의 발언에 따라 주가가 어떻게 움직일지도 가상공간에서 예상할 수 있을 것이다.

　가상공간의 잠재성은 무한하지만 그것이 어느 정도까지 실현될 지는 인풋 데이터의 수집 방법, 품질, 정밀도, 수, 그리고 무엇보다 중요한 분석 · 해석 기술, 가시화 기술 등에 달려 있다.

　2021년을 기준으로 도쿄도에서는 디지털 트윈 실현 프로젝트를 발족하여 2030년 실현을 목표로 하고 있다. 모든 디지털 트윈이 실현되려면 가상공간을 구축하려는 전문 기업과의 연계가 필요하므로, 그 시기는 아마도 2030~2040년 정도는 될 것이라 생각하는 편이 자연스러울 것이다.

디지털 트윈

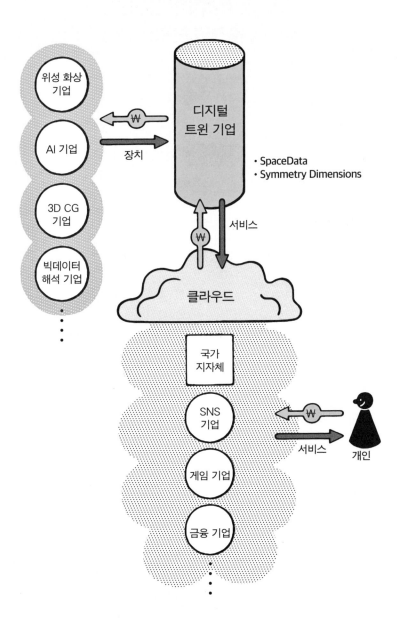

09 #무한 공간 VR 2030-2040
VR, 그 자리에만 있어도 무한의 공간을 만들어 낸다

VR로 '무한한 공간'을 만들어 내는 기술은 관광, 부동산, 의료·복지 등의 시장에 B to B to C 비즈니스로서 보급될 것이다. 머지않아 빠르게 보급이 진행될 것으로 예상된다.

최신 기술

한정된 공간 안에서 광범위하게 움직일 수 있는 공간을 VR로 실현한다

VR[1]을 사용하면 마치 무한한 공간에 있는 듯한 착각에 빠진다. 이와 관련한 현재까지의 기술에 대해 소개한다.

도쿄대학의 히로세廣瀬 · 다니가와谷川 · 나루미鳴海 연구실과 Unity Technologies Japan의 야나세 요헤築瀬洋平 씨는 한정된 공간에서 무한히 걸을 수 있는 VR 기술을 개발했는데, 그

---

1   VR은 'Virtual Reality'의 약칭으로, 인공현실 또는 가상현실이라 불린다. VR 고글을 장착하면 시야의 360°가 덮임으로써 거의 현실에 가까운 세계에 몰입하게 되어 더욱 사실적인 감각을 느낄 수 있다.

이름을 Unlimited Corridor(무한 회랑)라고 명명했다. 이는 Redirected Walking('시각 효과'를 일으키는 기술)과 Visuo-Haptic Interaction('촉각 효과'를 일으키는 기술)을 조합한 기술이다. VR 고글[2]을 통해 비춰진 VR 공간을 미묘하게 회전시켜서 영상을 보고 있는 사람은 똑바로 계속 걷는 것처럼 느끼지만 실제로는 원주 위를 걷게 하는 것이다. 7×5m 정도의 공간만 있으면 체험자를 끝없이 걷는 것처럼 착각하게 만들 수 있다. 마치 햄스터가 쳇바퀴를 도는 것처럼 말이다.

도쿄대학의 히로세 · 다니가와 · 나루미 연구실은 그 밖에 **'무한 계단'**도 개발했다. 이것은 VR 고글에 비춰지는 나선 계단을 오르내리는 감각을 느끼게 하는 기술로, HTC사의 모션 트래킹 디바이스 'Vive Tracker'[3]를 장착한 샌들을 신고, VR 고글을 착용하고 체험한다. 이렇게 VR를 보면 마치 나선 계단을 계속 오르내리고 있는 듯한 착각에 빠진다.

비즈니스 미래 지도

관광, 부동산, 의료 · 복지 등의 시장에 보급되는 VR

---

2 VR 영상을 비추는 헤드 마운트 디스플레이. 'VR 고글'이라고도 불린다.
3 사용자의 몸에 여러 개의 모션 트래킹 디바이스를 장착하면 몸의 움직임을 VR 공간에서 충실히 재현할 수 있다.

이 무한한 공간을 만드는 VR 프로덕트는 더욱 진화하여 다음과 같은 시장에 판매될 것으로 예상된다.

□ 관광
자택의 거실이나 정원에서도 VR 고글을 착용하면 관광지를 돌아보며 여행하는 기분을 맛볼 수 있다. 여행사와 연계해 이러한 여행 VR를 제작한 뒤 VR 고글과 함께 여행사에서 판매한다.

□ 부동산 판매
주택 판매 회사와 연계해 전시 룸을 VR로 제작한다. 아파트 갤러리에 방문하는 고객을 대상으로 이 VR 서비스를 제공한다.

□ 의료, 복지, 운동
공원이나 관광지 등의 VR를 제작해 의료·복지 기관, 스포츠 센터 등에 판매한다. 병원이나 양로원 등에서 외출하기 어려운 고령자나 환자에게 VR 고글을 착용하게 하여 마치 외출한 듯한 감각을 느끼게 함으로써 워킹이나 운동, 재활 훈련을 시행한다.

□ 엔터테인먼트
유원지나 테마파크에 판매할 경우, 먼저 이 VR의 화제성이 관람객의 증가로 연결될 것이다. 관람객은 공간을 절약해서 거대한 미로나 귀신의 집을 직접 거닐며 즐길 수 있을 뿐더러, 실제로 돌아다니면서 닌텐도의 '스플래툰'과 같은 게임이나 홀을 도는 골프를 즐길 수 있을지도 모른다.

▣ 미술관, 박물관, 개인전

유명한 회화나 역사적인 유산, 공룡 화석 등은 실제 미술관이나 박물관으로 옮겨져 전시되고 있다. 물론 실물을 보는 것에 그만큼의 가치는 있겠지만 수송 중의 파손, 전시 중의 도난 등과 같은 리스크를 동반한다. 이를 VR로 전시하면 리스크를 피할 수 있고, 비용도 절감되는 등의 이점이 있다. 또한 전시가 불가능한 거대한 물체(로켓 등)도 VR로 구현한 공간을 돌아다니면서 관람할 수 있을 것이다.

이 기술은 이미 실현되었기 때문에 도입 · 보급까지는 그리 오랜 시간이 걸리지 않을 것으로 예상된다. 위에 설명한 바와 같은 B to B to C 비즈니스로서 도입되어 가까운 장래에 친숙하고 당연한 프로덕트가 될 것으로 기대된다.

무한 공간 VR

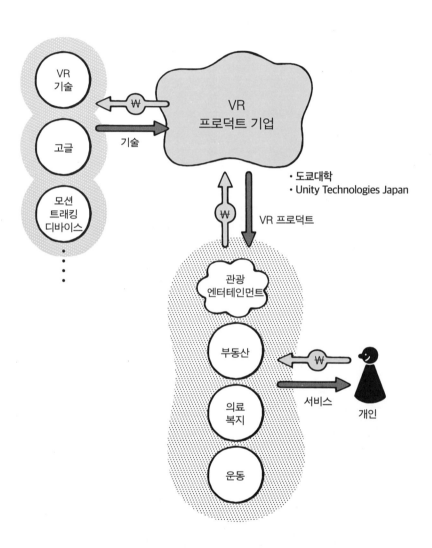

장기 칩으로 의료가
개인에게 커스터마이즈된다

2030~2040년 이후에는 '장기 칩'이 널리 사용될 것으로 전망된다. 그 후 더욱 진화된 '인체 칩'이 개발되면 개인에게 커스터마이즈된 약이 개발될 것이다.

최신 기술

장기 칩은 인체 장기의 기능을 모방한 것이다

장기 칩이란, 인체의 장기를 현미경용 표본 정도의 크기로 재현한 것을 말한다. 인체 내에서 사용하는 것이 아니라 실험, 시험용으로 신약 개발 등에 활용되는데, 신약 개발에 소요되는 기간을 단축시키고 비용을 절감해 줄 것으로 기대를 모으고 있다. 영어로는 'Organ-on-a-chip'이다.

하버드대학의 연구소인 **Wyss Institute**는 '**폐 칩**(Lung-on-a-chip)'의 개발에 성공했다. 폐 칩은 세계 최초로 생체 외에서 폐기종을 재현하는 데 성공한 것으로 알려져 있다. 이 칩의 제조에는 반도체 가공 기술인 리소그래피라고 하는 미세 가공 기술이 사용되었다.

또한 독일의 Fraunhofer Institute for Material and Beam Technology IWS Dresden은 '멀티 기관 칩', 즉 다양한 장기의 혈액 순환을 재현할 수 있는 칩을 개발 중이다. 장기 세포를 배양해 '챔버'라 불리는 장소에 넣은 뒤 펌프를 사용해 혈액을 순환시켜 시험 물질을 도입해 분석하는 것이다.

그 밖에도 장기 칩에는 장 칩, 피부 칩 등이 존재한다. 일본에서도 **일본의료연구개발기구**(AMED)가 2017년에 장기 칩 개발을 시작해 일본 전체를 대상으로 사업을 추진하고 있다.

비즈니스 미래 지도

신약 개발에 혁명을 일으킬 장기 칩

장기 칩은 의료, 화장품, 화학제품 시장에서 활용된다.

☐ 의료

신약 개발에는 막대한 시간과 비용이 소요된다. 일본제약공업협회에 따르면 신약이 시장에 투입되기까지는 9~17년이라는 긴 시간과 수백억 엔에서 수천억 엔에 이르는 고액의 연구 개발비가 든다고 한다. 게다가 신약 개발의 성공 확률은 약 3만 분의 1로 상당히 낮은 편이다. 본래 신약 실험은 샬레 안의 배양 세포를 이용해 실시하는 경우가 많다. 이는 저렴한 비용으로 간단하게 실험할 수 있다는 이점이 있기 때문이지만, 이 샬레라는 환경은 인체의 환경과는 거리가 멀다. 신약 개발의 성공률이 낮은 이유는 바로 이 때문이다. 또한 신약 실험에서는 동물 실험도 흔히 이뤄지지만, 동물과 사람의 생태가 워낙 다르기 때문에 이 또한 완전한 실험은 불가능하다(동물들이 이 실험을 위해 희생된다는 사실도 잊어서는 안 된다). 이 모든 과제를 장기 칩이 해결할 가능성이 있다.

□ 화장품, 화학제품

화장품의 원료나 세안제, 샴푸, 건축 재료에 사용되는 화학물질 등을 시험하는 데 피부 칩을 사용하면 몸에 나쁜 영향을 미치는지를 판정할 수 있다.

만약 자신의 세포나 혈액 장기 칩을 쉽게 제조할 수 있고, 저렴한 비용으로 단기간에 실험할 수 있다면 개개인에게 최적화된 약이 개발될 것이다. 그러나 한편으로는 장기 칩이 실용화되려면 가능한 한 사람의 장기에 가까워져야 한다. 2021년을 기준으로 장기 칩은 여전히 고가지만, 세계의 벤처 기업 등이 장기 칩을 제조해 판매하기 시작했다. 이러한 추세라면 비용이 절감되어 널리 시장에 보급되는 시기는 빨라도 2030~2040년경이 될 것이다. 그 후 2040~2050년 이후에는 개인의 세포나 혈액으로 장기 칩을 제조할 수 있는, 즉 'Organ-on-a-chip(장기 칩)'에서 'Human-on-a-chip(인체 칩)'이 되어 개인 맞춤형으로 최적의 의료를 제공할 수 있는 미래를 맞이할 것으로 예상된다.

장기 칩

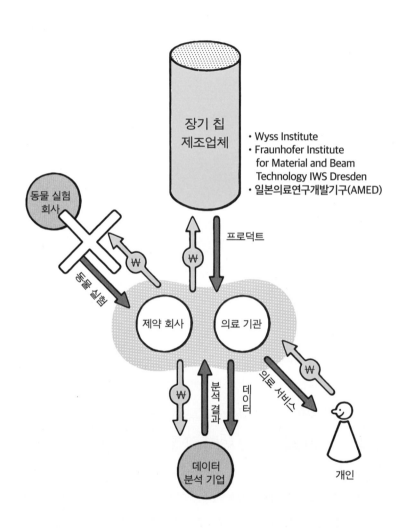

장기 칩
제조업체

· Wyss Institute
· Fraunhofer Institute
  for Material and Beam
  Technology IWS Dresden
· 일본의료연구개발기구(AMED)

동물 실험
회사

프로덕트

동물 실험

제약 회사

의료 기관

분석 결과

데이터

의료 서비스

개인

데이터
분석 기업

#웨어러블 디바이스 2030-2040

웨어러블 디바이스를 이용한
예방의학으로 질병에서 해방된다

고정밀도의 IoT 센서가 내장된 웨어러블 디바이스로 생체 데이터를 취득한다. 이렇게 얻어 낸 생체 데이터를 활용한 예방의학 비즈니스가 향후 더욱 발전할 것이다.

최신 기술

웨어러블 디바이스로 24시간 365일 건강 관리가 된다

지금도 헬스 케어 시장에서는 다양한 웨어러블 디바이스[1]가 판매되고 있다. 웨어러블 디바이스에는 고정밀도의 IoT 센서가 내장되어 있다. 예를 들면 체온은 소형의 체온계가 측정하고, 심박 수는 적외선 등의 빛을 체표면에 쬐어 혈류의 변화를 측정한다. 호흡 수는 각 회사의 독자적인 지표와 알고리즘(심박 수, 호흡의 변화, 신체의 활동성 등)을 이용해 추정한다.

핀란드의 **Oura Health**는 건강 관리가 가능한 반지형 웨어러블

---

1   스마트 워치 등 몸에 착용하는 컴퓨터 디바이스를 가리킨다.

디바이스인 'Oura Ring(오우라 링)'을 판매하고 있다. 소형·경량이 긴 하지만 IoT 센서를 이용해 체온·심박 수·호흡 수 등을 고정밀도로 측정·기록할 수 있다. 또한 '수면 트래킹'도 가능하다. 사용할수록 생체 데이터가 축적되므로, 진단 결과의 정밀도 향상을 기대할 수 있다.

일본의 Grace imaging은 땀 속의 젖산 농도를 측정하는 웨어러블 디바이스를 개발했다. 땀에 포함된 젖산 수치를 측정해서 앱을 이용해 피로도를 가시화할 수 있으므로, 효율적인 운동량을 제시해주는 웨어러블 디바이스다.

또한 일본의 CAC는 영상 맥파 추출 기술, 즉 피부 영역의 미묘한 색 변화를 파악하는 화상 해석 기술을 사용한 심박 측정 디바이스인 '리즈밀'을 개발했다. 심박 수를 통해 컨디션을 가시화할 수 있고, 자율신경의 활성도나 혈압 상태를 알 수 있는 이 기술은 몸에 직접 착용하지 않고 촬영만 하는 비접촉 방식으로 데이터를 취득할 수 있다.

영국 Astinno는 갱년기 여성의 고민인 홍조, 무기력, 발한 등의 증상을 완화해주는 손목 밴드형 웨어러블 디바이스 'Grace'를 개발했다. 디바이스에 탑재된 센서가 체온 상승의 징후를 감지하면 사용자의 손목을 자동으로 냉각해 증상을 완화시켜 준다.[2]

---

2   체표면에 인접한 맥박이 닿기 쉬운 굵은 혈관(요골동맥)을 아이싱(국소 냉각)하면 전신의 체온을 빠르게 낮출 수 있다고 한다.

그 밖에도 세계 각국에서는 '**스마트 화장실**'의 개발을 추진하고 있다. 예를 들어 **스탠퍼드대학**은 변기에 장착된 카메라를 이용해 항문으로 사용자를 식별한 다음, 대변의 형태와 경도로 건강 상태를 진단하는 화장실을 개발했다. 소변으로는 생활 습관(개인의 식습관, 운동 습관, 약물 사용, 수면 패턴 습관 등)의 진단이나 암, 당뇨병, 신장병과 같은 질환도 진단 가능하다고 한다.

비즈니스 미래 지도

분석 정기 서비스로 누구나 일상의 건강 관리

헬스 케어의 웨어러블 디바이스나 IoT 센서는 아래와 같은 시장에서 판매될 것으로 예상된다.

▢ 의료, 복지

의료 기관이나 복지 시설에 판매된다. 입원 중인 환자나 경과 관찰이 필요한 환자, 복지 시설에 입주 중인 사람에게 웨어러블 디바이스를 장착시키면, 이 웨어러블 디바이스로 취득된 데이터가 웨어러블 디바이스업체의 클라우드상에서 분석된다. 이는 정기 서비스로서 제공되는데, 의료 기관이나 복지 시설이 분석 결과를 확인하여 치료 등에 도움을 줄 수 있다.

□ 일반 가정

일반 가정에서도 마찬가지다. 사용자가 웨어러블 디바이스를 매일 장착하면 여기서 취득된 데이터가 웨어러블 디바이스업체의 클라우드상에서 분석·표시됨으로써, 정기 서비스가 제공된다. 의료 기관 등에서 해당 데이터를 확인해 치료, 처방 등에 활용한다. 또한 스마트 화장실은 주택업체 등과 연계해 일반 가정용으로 판매된다. 가까운 장래에 신축 주택에 도입되어 보급될 전망이다.

이 의료계 웨어러블 디바이스는 부가가치 생산물이므로, 이노베이터 이론(혁신적 상품이나 서비스가 시장에 출시되었을 때 보급률이 16%를 넘으면 시장 점유율이 폭발적으로 확대된다는 이론-옮긴이)에 따를 것이다. 이 기술은 이미 실현되고 있다. 먼저 이노베이터가 구입하고, 얼리 어답터가 구입하면서 점차 일반에게 보급된다. 의료계 웨어러블 디바이스의 도입·보급에는 그리 오랜 시간이 걸리지 않을 것으로 보이며, 스마트폰 등의 스마트 디바이스와도 연동할 것이다.

웨어러블 디바이스

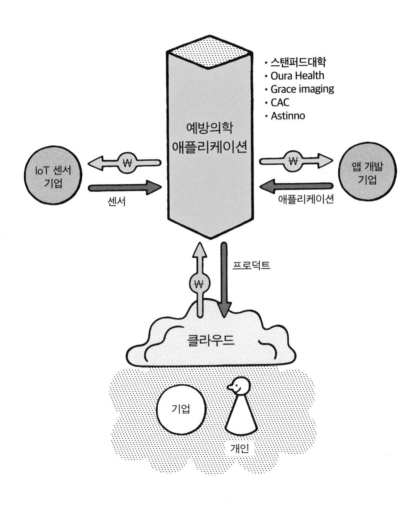

12 #푸드테크 2030-2040
'푸드테크'로 건강하게 오래 살 수 있다

푸드테크를 통해 식사를 완벽하게 관리하고 질병에서 멀어질 수 있다. 여기에 다양한 의료의 발전이 맞물리면서 2050년에는 인간의 평균 수명이 90세를 넘길지도 모른다.

최신 기술

장수의 열쇠를 미트테크, 완전 영양식, 분자 요리학에서 찾다

푸드테크는 의료의 발전과 함께 인류의 수명을 늘리는 데에 공헌하는 음식 기술을 일컫는데, 푸드테크에 관한 현재까지의 사례를 소개하겠다.

미트테크란, 고기 대신 대두를 사용한 기술이다. 대두·완두콩 등의 콩류나 비트에 열과 압력을 가해 식물성 단백질을 동물성 단백질에 가까운 섬유 구조로 변형시킨다. 이에 따라 외형, 맛 그리고 식감 등을 고기에 가까운 형태로 재현한다.

일본의 미트테크 기업으로는 후지제유가 유명하다. 이 회사는 **'입자형 대두 단백'**이라는 식육 가공품이나 수산 가공품에 이용할 수 있는 섬유 형태의 대두를 판매하고 있는데, 소고기·돼지고기·닭고기 등 실제 육류에 가까운 식감을 낸다. 대두 단백을 추출·분리함으로써 유화성·보수성·결착성 등이 우수해져 다양한 요리에 사용할 수 있다.

그 밖에도 **마루코메**가 '**다이즈라보**'라는 상품을 판매하고 있다. '다이즈라보'에는 다진 고기·안심·덩어리의 세 가지 타입이 있다. 진짜 고기와 달리 동물성 지방 성분이 포함되어 있지 않기 때문에 동맥경화나 살이 찌는 것 등의 문제는 걱정하지 않아도 된다.

완전 영양 식품이란, 한 끼에 필요한 영양소를 모두 함유하고 있는 식품을 말한다. 여기에는 매크로 영양소(삼대 영양소)로서의 단백질(Protein), 지방질(Fat), 탄수화물(Carbohydrate)이 균형 있게 포함되어 있는데, 피트니스 업계에서 흔히 듣는 'PFC 밸런스'란 이를 두고 하는 말이다. 일본의 완전 영양 식품업체로는 '**BASE FOOD**'와 '**Huel**'이 유명하다. BASE FOOD의 빵에는 밀 전립분, 치아시드, 분말 다시마 등 영양이 풍부한 식재료를 사용하고 있으며, 진공 포장한 후에 가열 살균하여 첨가물을 사용하지 않고도 장기 보존이 가능하다. 빵뿐만 아니라 라면도 마찬가지다.

'**분자 요리학**'이라는 푸드테크도 있다. 이는 식재료나 조리 공정을 분자의 미세한 레벨로 파악하여 새로운 맛이나 식감을 창출하는 기술이다. 예를 들면 액체 질소를 사용해서 식재료의 풍미나 식감을 바꾸지 않고 순간 냉동하거나, 스프나 카레에 아산화질소를 넣어 풍미에 영향을 미치지 않고 포장하거나, 토마토퓌레에 알긴산나트륨을 사용해 굳히는 등 화학 실험을 연상시키는 조리 방법이 있다.

비즈니스 미래 지도

식사를 완벽하게 컨트롤

푸드테크는 아래와 같은 시장에서 판매된다.

□ 헬스 케어, 의료, 복지

푸드테크를 이용하면 영양소나 칼로리를 제어할 수 있다. 좋아하는 음식을 아무리 많이 먹어도 살찌지 않고, 건강을 지킬 수 있는 것이다.

□ 우주

달이나 화성으로 이주할 경우, 매번 지구에서 우주식으로 고기를 수송하려면 막대한 비용이 든다. 하물며 우주에서 가축을 사육하는 일은 중력 환경이나 방사선, 사육 비용 등을 고려하면 현실적이지 않을 것이다. 그래서 식물 유래의 미트테크나 완전 영양식 등이 활용될 수 있다.

현재도 이 기술은 이미 확립되어 상품화되고 있다. 맛이나 식감 등이 개량되고 가격도 저렴해져서 보급이 진행되기까지 그리 많은 시간이 걸리지는 않을 것이다. 이에 따라 식사를 관리함으로써 예방할 수 있는 질병도 있기 때문에, 인간의 수명은 더욱 늘어날 것으로 예상된다.

일본 정부에 따르면, 2050년경에는 여성의 평균 수명이 90세를 넘을 것이라고 한다.[1] 푸드테크 외에도 이 책에서 소개하는 불로불사의 약, 예방의학 웨어러블 디바이스, 미각 컨트롤 디바이스, 곤충식 등의 기술이 활용되면 머지않아 초장수 사회가 도래할 것임이 분명하다.

---

1   일본 여성의 평균 수명은 17~18세기에는 32~44세, 19세기 초에는 약 44세, 1970년대 초반에는 약 67세였고, 지금은 전 세계 여성 평균 수명 1위로 87세이다.

푸드테크

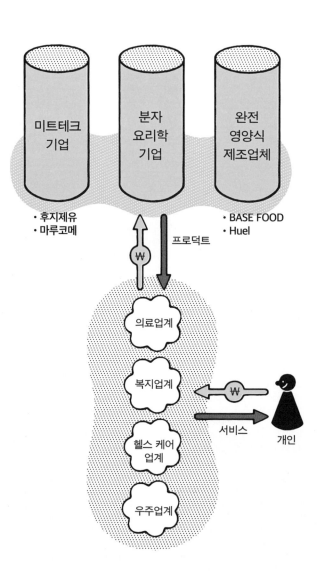

미각을 제어할 수 있다

미각을 제어할 수 있는 기술이 더욱 개발되면서 10~20년 정도 후면 다이어트, 건강 관리, 엔터테인먼트, 식품 개발 등의 시장에 도입될 것이다.

최신 기술

혀에 전기적인 자극 등을 주어 미각을 제어한다

아래에 소개할 현재까지의 사례를 통해 머지않아 미각을 제어할 수 있는 시대가 도래할 것임을 예상할 수 있다.

VR의 1인자로 불리는 **도쿄대학**의 나루미 타쿠지鳴海拓志准 부교수는 'Meta Cookie'를 개발했다. 나루미 교수는 미각이란 식품의 겉모습, 냄새, 촉감, 기억 등이 뇌에 의해 통합된 것이라는 사실을 VR 등의 기술을 통해 실현하는 연구를 하고 있다. Meta Cookie란, 예를 들면 플레인 맛의 쿠키를 먹을 때 VR 고글상에 초콜릿 맛 쿠키를 비추는 동시에 초콜릿 냄새를 풍긴다. 그러면 플레인 맛의 쿠키가 초콜릿 맛으로 인식된다는 것이다.

미국의 **메인대학**University of Maine은 전류로 미뢰를 자극해서 실제와 비슷하게 미각을 재현할 수 있는 젓가락을 개발했다. 이 젓가락에는 전극이 내장되어 있는데 전기의 주파수, 전극 소재, 혀의 자극 위치 등 다양한 파라미터를 바꾸면서 다섯 가지의 기본 맛(단맛, 신맛, 짠맛, 쓴맛, 감칠맛) 중 세 가지인 짠맛, 신맛, 쓴맛을 재현할 수 있다고 한다.

메이지대학의 미야시타 호메宮下芳明 교수는 'Norimaki Synthe-sizer(김밥 신시사이저)'라는 장치를 개발했다. 이 장치는 다섯 가지 기본 맛을 느끼게 하는 각각의 전해질을 녹여 한천으로 굳힌 '겔'을 사용한다. 사람과 장치 사이에 전기 회로를 형성하고, 전기 회로에 전압을 걸어 겔 내부의 이온을 전기 이동[1]시키면서 혀에 닿는 이온의 양을 제어해 맛을 변화시킨다. 이런 방식으로 각 맛의 비율을 조정하면 좋아하는 맛을 만들어 낼 수 있다고 한다.

그 밖에도 미야시타 교수는 '**음식 맛을 바꾸는 장갑**'도 개발했다. 장갑의 집게손가락 부분에 장착된 전극으로부터 숟가락이나 포크 등 금속제 식기를 매개로 혀에 전기 미각을 부여하는 구조다.

디자인 스튜디오 **Michel/Fabian**의 안드레아스 파비안은 음식을 맛있게 하는 숟가락 'Goûte'[2]를 개발했다. Goûte의 모양은 손가락의 형태를 띠며, 음식이 묻은 손가락을 핥는 듯한 감각을 느낄 수

1 　전하의 입자 등이 전기장을 이동하는 현상. 분자생물학 또는 생화학에서 DNA나 단백질을 분리하는 수법으로서 반드시 필요하다.
2 　안드레아스 파비안은 2011년에 'Spoons & Spoonness'라는 제목의 논문으로 박사 학위를 취득했다. 'Goûte'는 '맛을 보다'라는 의미의 프랑스어.

있다고 한다. Goûte를 사용하면 '일반 숟가락에 비해 지각이 향상된다', '음식의 맛을 40% 정도 높게 평가한다'는 사실 등이 판명되었고 한다.

비즈니스 미래 지도
실제와 비슷한 맛 체험

미각 제어 디바이스는 개발·제조되어 일반 가정, 의료 기관, 식품 기업, 엔터테인먼트 기업 등에 판매된다.

☐ 일반 가정, 의료 기관

일상의 식사에서 저염을 유지하고 칼로리를 억제하는 등 건강 관리에 사용된다. 의료 기관에서는 식사에 대한 환자의 스트레스를 줄일 수 있다.

☐ 엔터테인먼트

텔레비전 등에서 방송되는 식사 장면이나 음식 프로그램을 보면서 시청자가 미각 제어 디바이스를 사용하면 텔레비전 너머로 유사한 맛을 체험할 수 있게 될지도 모른다. 식품이나 레스토랑, 술집의 광고에도 이 유사 체험이 활용될 것이다. 또한 Twitter 등의 SNS에 업로드된 식사 이미지와 미각 제어 디바이스를 연계해 맛을 유사 체험하는 일도 가능하다.

□ 식품 개발

식품 기업이나 레스토랑 등에서 새로운 메뉴를 개발할 때 미각 제어 디바이스를 활용할 수 있다. 조금씩 식품을 바꾸면서 개발하는 수고를 덜고, 비용 또한 절감할 수 있어 도움이 될 것이다. 2021년 기준으로 디바이스는 이미 개발되어 있지만, 향후에는 미각의 라인업이 풍부해지고 기능도 발전할 것이다. 앞으로 10~20년 정도의 시간이 흐르면 미각 제어 디바이스 기술은 의료 기관, 엔터테인먼트, 식품 시장에 더욱 깊이 스며들고, 가격도 서서히 저렴해지면서 일반 가정까지 보급될 것으로 전망된다.

미각 제어 디바이스

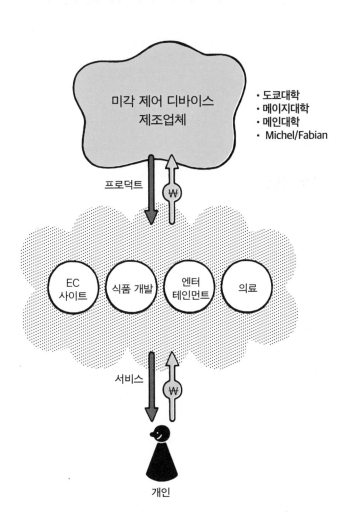

미각 제어 디바이스
제조업체

- 도쿄대학
- 메이지대학
- 메인대학
- Michel/Fabian

프로덕트

₩

EC
사이트 ‧ 식품 개발 ‧ 엔터
테인먼트 ‧ 의료

서비스

₩

개인

14 #요리테크 2030-2040
요리가 편리해지고, 실패하지 않는다

현재 이미 개발되어 있는 '요리 로봇'은 일반 가정에 보급될 정도의 가격대
까지 하락할 것이다. '편하고', '실패하지 않는' 요리가 가능해지려면 앞으
로 10~20년 정도의 세월이 걸릴 것으로 예상된다.

최신 기술

요리테크에 IoT, AI, 로보틱스 기술 사용

요리하는 기술을 '요리테크'라고 하는데, 이 기술과 관련하여 현
재까지의 사례를 소개한다.

요리를 만들 수 있는 3D 프린터', 즉 '3D 푸드 프린터'가 개발
되고 있다. 3D 푸드 프린터의 요리는 예를 들면 노즐을 작동시키면
서 곡물, 과일, 채소 등을 혼합한 페이스트 상태의 재료를 밀어내는
것이다.

스페인의 **내추럴·머신**이 개발한 'FOODINI'는 페이스트 상태

---

1   3D 프린터란, 설계도를 데이터화하여 만들고자 하는 것을 3차원에 입체적으로 만들어 내는 프
린터를 말한다.

의 재료를 캡슐에 넣어 풍미, 단맛, 색상 등을 조정해 요리할 수 있다. 3D 푸드 프린터는 현재 몇 가지 종류가 나와 있지만, 가격은 아직 비싼 편이다.

영국 Moley Robotics의 'Moley'는 요리뿐만 아니라 요리 후 정리까지 할 수 있는 가정용 요리 로봇[2]이다. 두 개의 로봇 암(arm, 팔)이 부엌 안을 좌우로 움직이면서 냄비나 재료를 꺼내 혼합하고, 자르고, 수도꼭지를 틀고, 접시에 담는 등의 작업을 한다. 또한 암에 탑재된 카메라 센서로 식재료가 넘쳐흐르지 않는지 항상 확인하는데, 만일 더러운 곳을 발견하면 내장된 UV광으로 멸균한다. 요리가 완료되면 자동으로 주변을 정리하며 부엌의 표면을 닦아 준다. Moley가 만들 수 있는 요리 수는 약 5,000개에 달한다. 프로 요리사의 요리 장면을 동영상으로 촬영한 다음 해당 동영상을 AI가 기계 학습하여 재현하도록 하고 있다.

또한 식재료의 소비 기한을 관리할 수 있는 스마트 태그가 있다. 슈퍼에서 특가 상품을 대량 구입한 뒤 잊어버린 채 방치했다가 소비 기한이 지나 버리는 일이 종종 있을 것이다. 미국 **와이드 애프터눈**의 'Ovie'는 식재료와 연결시킨 IoT 태그를 부착해 냉장고에 넣기만 하면 소비 기한이 가까워졌을 때 태그가 빛을 내며 알려 준다.

---

2   기존의 요리 로봇은 업무용으로, 주로 특정한 요리만 담당하도록 되어 있었다. 중화요리점의 볶음밥 로봇이나 하우스텐보스 안의 소프트아이스크림 로봇, 그리고 타코야키 로봇 등이 있다.

요리 로봇이 부유층부터 일반 가정, 그리고 우주로

위에서 설명한 프로덕트를 제공하는 기업은 아래 시장에 그것들이 판매될 것으로 예상한다.

☐ 일반 가정

3D 푸드 프린터나 요리 로봇은 우선 부유층이 구입할 것이다. 이렇게 사용 실적이 계속 쌓이게 되면 요리 메뉴가 개인용으로 커스터마이즈되거나 미슐랭의 인정을 받은 셰프나 유명 요리사 등의 레시피가 가정에 제공되는 등 유료 및 무료 메뉴가 개발될 것이다.

☐ 음식점, 패밀리 레스토랑 등

프랜차이즈 음식점 등에도 판매될 것이다. 이 경우 주문을 받은 후 단시간에 일정한 맛의 요리를 제공할 수 있다는 이점이 있으므로 인건비 삭감으로도 이어질 것이다.

☐ 의료, 간호

환자나 돌봄이 필요한 사람의 사정에 맞춰 영양, 칼로리, 씹는 능력 등을 감안해 3D 푸드 프린터로 식사를 만든다. 필요한 때에 필요한 양만큼 안정된 요리를 만들 수 있고, 간병인의 부담을 크게 줄일 수도 있다.

▣ 우주

조금 먼 미래에는 우주 인공 기지, 달, 화성 등에도 도입될 것이다. 국제 우주 정거장 ISS에서는 Redwire(Made In Space) 등이 우주용 3D 프린터의 제조 및 가동에 성공했으므로, 무중력 환경에서 3D 푸드 프린터를 가동시키는 데는 별다른 문제가 없지 않을까? 또한 우주에서는 쓰레기나 폐기 식재료를 최소화하고, 중요한 식재료의 소비 기한을 관리할 수 있는 스마트 태그가 귀중한 보물과도 같은 존재가 될 것이다.

프로덕트의 문제가 서서히 해결되고 VE(Value Engineering)[3] 등이 진행되면서 가격도 서서히 하락될 것이다. 그 후 보급이 진행되면 대량 생산을 통한 저비용화도 진행되어 일반 가전 수준의 가격대가 될 것이다. 일반 가정에 보급되려면 아마도 10~20년 정도의 세월이 걸릴 것으로 예상된다. 물론 우주에서의 사용은 그보다 훨씬 더 미래의 일이 될 것이다.

---

3   가치 분석(Value Analysis, VA)이라고도 불리며 제품, 서비스의 품질이나 기능적 가치를 낮추지 않고 비용을 억제하는 행위를 말한다. 혹은 저비용으로 기능을 크게 향상시키는 방법을 일컫기도 한다.

요리테크

EC 사이트

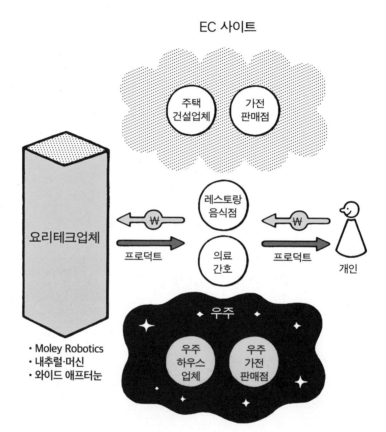

주택
건설업체

가전
판매점

요리테크업체

레스토랑
음식점

의료
간호

프로덕트

프로덕트

개인

우주

우주
하우스
업체

우주
가전
판매점

• Moley Robotics
• 내추럴·머신
• 와이드 애프터눈

15 #슬립테크 2030-2040
'슬립테크'로 건강한
수면 생활을 실현한다

편안한 수면을 위한 기술 '슬립테크'의 프로덕트가 유연한 가격대로 보급되면 침구의 일부로서 당연히 사용하게 될 미래는 머지않아 다가올 것이다.

최신 기술

슬립테크는 IoT 센서와 고도의 분석 기술이 핵심이다

수면의 질[1]을 높여 주는 '슬립테크'는 수면의 'Sleep'와 기술을 뜻하는 'Tech'의 합성어로, 수면의 질을 높이기 위한 기술 · 제품 · 서비스를 의미한다. 슬립테크는 IoT 센서에 의한 생체 정보의 측정과 해당 정보의 분석 기술이 핵심이다.

도쿄대학에서 출발한 벤처 기업 Xenoma(제노마)가 개발한 디지털 헬스 케어 잠옷 'e-skin Sleep & Lounge'는 쾌적한 수면으로 유도한다. 이 잠옷에는 Sleep & Lounge Hub라는 디바이스가 장

---

1   일본 여성의 약 90%가 수면에 불만을 느낀다고 한다. 평일 평균 수면 시간은 '6시간'이 40.7%로 가장 많고, 이어서 '5시간'이 25.5%, '7시간'이 21.1%를 차지한다. 놀랄 만한 점은 '4시간 미만'도 7.8%나 된다는 사실이다(OZmall 조사).

착되어 있는데, 이 디바이스로 심박 수와 호흡을 측정하여 스마트폰 앱 'e-skin Sleep'과 연동시켜 수면의 깊이, 리듬, 입면, 숙면, 합계 시간을 토대로 평가한 '수면 점수'를 낼 수 있다. 그 밖에도 수면 상태를 가시화한 '수면 스테이지', 입면 · 기상 시간을 자동 기록하는 '수면 이력' 등도 확인할 수 있다. 이러한 데이터로부터 '수면 개선 어드바이스'도 받을 수 있다. 나아가 최적의 타이밍에 기상을 할 수 있게 하는 '숙면 알람'도 있다. 이렇게 고기능의 잠옷이지만, 면 100%이므로 디바이스를 제거하면 자택에서도 쉽게 세탁할 수 있다.

필립스의 'Smart Sleep 딥 슬립 헤드 밴드 2'는 헤드 밴드를 머리에 끼우고 자는 것만으로도 기분 좋은 힐링 음악이 흐를 뿐만 아니라 뇌파를 측정해 수면 스테이지도 파악할 수 있다. 골전도 스피커에서 흐르는 소리는 사용자의 수면 상태에 맞춰 자동으로 음량 및 음역이 조정된다. 기상 시에는 얕은 잠 상태에서 알람이 울린다. 얕은 잠 상태에서 눈을 뜨면 상쾌한 기상을 기대할 수 있다고 한다.

프랑스의 무나MOONA는 수면 과학을 토대로 설계된 '무나 쿨링 필로우 패드'라는 스마트 베개를 개발했다. 이것은 베개를 물로 식혀 두경부를 쾌적한 온도로 만들어 주는 것이다. 이를 통해 밤새 전신의 체온 조절이 가능하여 쾌적한 수면을 이룰 수 있다. 스마트폰으로 미세한 온도 설정도 가능하다.

또한 코골이나 수면무호흡증후군을 개선해 주는 SWANSWAN의 'Sleeim'이라는 목에 장착하는 웨어러블 디바이스도 있다. 이 디바이스의 IoT 센서는 기도를 통과하는 호흡음을 모니터링한다. 이

과정에서 무호흡이나 코골이를 발견하면 그 즉시 목의 디바이스가 진동하므로, 증상의 개선으로 유도할 수 있다.

비즈니스 미래 지도
슬립테크는 헬스 케어, 의료 시장에서의 부가가치 비즈니스

현재 슬립테크의 프로덕트를 제공하는 기업은 개인용으로 B to C의 비즈니스를 전개하고 있다. 향후 아래와 같은 시장으로 판매처를 전개해 나가면서 기존 비즈니스에 부가가치를 제공할 것으로 예상된다.

□ 헬스 케어

슬립테크 프로덕트는 수면 장애를 겪고 있는 사람에게도 판매할 수 있다. 앱을 통해 개인 맞춤형 서비스를 서브스크(구독경제) 형태로 제공한다. 또한 현재 이미 수면 서비스를 제공하는 업체도 있는데, 더욱 고품질의 수면을 제공하기 위해 슬립테크가 도입될 것이다.

□ 의료

병원의 입원 환자나 숙박형 종합건강검진 이용자에게 슬립테크 프로덕트를 제공함으로써 다음 날의 수술이나 검사 시의 긴장을 완화시키는 효과를 기대할 수 있다. 이는 분명 부가가치 서비스가 될 것이다.

슬립테크의 사용 실적이 쌓이면 개인 맞춤형 서비스, 서비스 품질 향상 및 대량 생산을 통한 저비용화가 진행된다. 현재보다 성능이 더 뛰어난 슬립테크 프로덕트의 가격대는 초기에는 높은 의료 서비스를 제공하는 병원이나 종합건강검진 등 B to B 전용 프로덕트로서 5만엔(한화 50만원 정도)을 넘는 고액이겠지만, 훗날 일반 가정에 보급되는 가격은 1~2만엔(한화 1~2십만원 정도) 이하가 될 것이다. 그렇게 되기까지 그리 오랜 세월이 걸리지는 않을 것으로 예상된다.

슬립테크

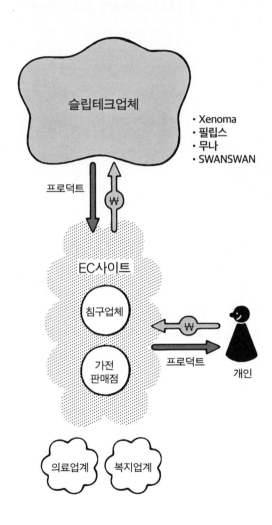

슬립테크업체

· Xenoma
· 필립스
· 무나
· SWANSWAN

프로덕트

EC사이트

침구업체

가전
판매점

프로덕트

개인

의료업계 복지업계

곤충, 미래의 새로운 단백질 공급원이 된다

오늘날 적지 않은 곤충식이 제품화되고 있다. 조만간 가공 기술이나 마케팅을 통해 곤충식이 거부감 없이 수용되는 미래를 맞게 될 것이다.

최신 기술

곤충식의 수많은 이점을 이용한다

곤충식이란, 문자 그대로 곤충을 음식으로서 섭취하는 것이다. 세계에는 곤충을 먹는 국가와 지역이 다수 존재하며, 일본에도 예부터 곤충을 먹는 문화가 존재한다.[1]

세계 인구가 증가할 것이라는 예측은 곤충식 확대의 배경이 되고 있다. 이전에는 2050년 세계 인구가 100억 명에 달해 2030년경에는 단백질 공급량이 부족할 것으로 예상되었다(현재는 2050년에 88억 명에 이를 것으로 하향 수정된 연구 결과가 있다).

---

1 메뚜기 조림이 유명하며, 그 밖에도 벌, 누에 등 50여 종의 곤충을 먹었다는 기록도 있다.

곤충식으로서 귀뚜라미가 자주 화제에 오르는 이유로는 다섯 가지 정도를 꼽을 수 있다.

첫 번째는 100g당 60g의 단백질이 포함되어 있을 만큼의 높은 단백질 함유율이다. 참고로 100g당 단백질 함유량이 닭은 23.3g, 돼지고기는 22.1g, 소는 21.2g이므로, 귀뚜라미의 단백질량이 압도적으로 많은 것을 알 수 있다. 게다가 아연, 철분, 칼슘, 마그네슘, 비타민, 오메가 3 등 인간에게 필요한 영양소도 많이 포함하고 있다. 또한 식이섬유와 같은 기능을 하는 키틴질도 포함되어 있어 장내 환경을 정돈하는 효과도 기대할 수 있다. 두 번째는 온실가스 배출량이 적다는 점이다. 체중당 온실가스 배출량이라는 지표로 설명하고 있는 문헌이 많은데, 이에 따르면 귀뚜라미가 배출하는 온실가스는 겨우 100g 정도다. 돼지가 1,100g, 소가 2,800g인 것을 감안하면 지극히 적은 양이다. 세 번째는 사육에 필요한 물의 양이다. 귀뚜라미는 단 4리터인데 비해 닭은 2,300리터, 돼지는 3,500리터, 소는 2만 2,000리터의 물이 필요하다. 네 번째는 사육에 필요한 먹이의 양인데, 1kg의 단백질을 생산하기 위해 필요한 먹이양을 지표로, 귀뚜라미는 1.7kg, 닭은 2.5kg, 돼지는 5kg, 소는 10kg이다. 귀뚜라미의 먹이는 압도적으로 소량인 데다가 잡식이므로, 먹이 비용 또한 저가이다. 다섯 번째는 좁은 공간에서도 사육할 수 있다는 점이다. 귀뚜라미는 성충이 될 때까지 대략 35일 정도 걸리는데, 다른 곤충에 비해서도 성장이 빠른 편이다.

모습을 바꾼 곤충은 사람들이 알아채기도 전에 두루 보급

귀뚜라미 곤충식은 과자, 스낵, 쿠키, 빵, 커피, 육수, 프로테인으로도 출시되고 있다. **무인양행**의 유명한 '귀뚜라미 과자'는 **도쿠시마대학**의 연구를 토대로 양산된 식용 귀뚜라미를 사용한다. 2021년에는 일본의 벤처 기업인 **ODD FUTURE**가 'CRICKET COFFEE'라는 귀뚜라미 파우더와 커피를 혼합한 상품을 출시했다. 또한 **BugMo**는 '**고오로기다시**(귀뚜라미 조미료라는 뜻-옮긴이)를 판매 중이다. 이와 관련하여 로보틱스, AI, IT를 구사한 귀뚜라미의 자동 양식 시스템을 구축해서 물과 먹이를 주는 일부터 수확까지 자동화하여 안정된 가격과 품질을 실현한다고 한다.

귀뚜라미의 형태 그대로 먹는 데에 거부감을 느끼는 사람이 많을 것이다. 그러나 분말을 사용한 가공품이라면 먹을 때 그만큼 크게 신경이 쓰이지 않을지도 모른다. 또한 '귀뚜라미'라는 이름보다는 영어의 '크리켓'을 사용하면 심리적인 거부감도 낮아질지 모른다.

곤충식 자동판매기도 있다. 귀뚜라미, 물장군, 물방개, 거미(tarantula) 등 본래의 형태를 그대로 유지하고 있는 것부터 귀뚜라미 프로테인 바에 이르기까지 폭넓은 라인업을 갖추고 있다.

이처럼 '곤충'이라는 명칭이나 이미지를 전면에 내세우지 않는 능숙한 마케팅 방법이 더욱 확대되면 곤충식은 자연스럽게 시장에 침투할 것으로 예상된다. 곤충식을 취급하는 고급 레스토랑도 있는데, 예를 들면 도쿄 니혼바시日本橋의 ANTCICADA는 미슐랭에서 두 개의 별을 획득한 레스토랑에서 수련한 시라토리 쇼타白鳥翔大 도쿄농업대학대학원에서 미각 및 양조에 대해 연구한 야마구치 아유무山口步夢 등이 오픈한 매장이다. 고급 레스토랑에서 곤충을 먹는 경험을 쌓다 보면 곤충을 고급 식재로서 인식하는 이들도 등장하게 될 것이다.

곤충식의 선진국이라 할 수 있는 핀란드에서는 2017년에 곤충을 식재료로 이용하는 행위를 인정하는 관련법이 개정되었는데, 이를 계기로 곤충식 붐이 일어났다고 한다.

향후 귀뚜라미 양식 기술[2], 계통육종[3]의 기술이 발전하면 친환경적이고 영양가가 높을 뿐 아니라 먹기도 쉬운 식재료로 진화 가능한 미래가 그리 멀지 않을 것이다.

---

2 TAKEO는 식용 곤충의 양식 기술 개발과 응용 연구를 실시하고 있는데, 효율적으로 자동화된 대규모 곤충 생산이 아니라 농업적인 곤충 생산에 도전하고 있다.
3 GRYLLUS는 게놈 편집 기술을 이용하여 식용이나 대량 생산에 더욱 적절한 계통을 육종하고 있다.

곤충식

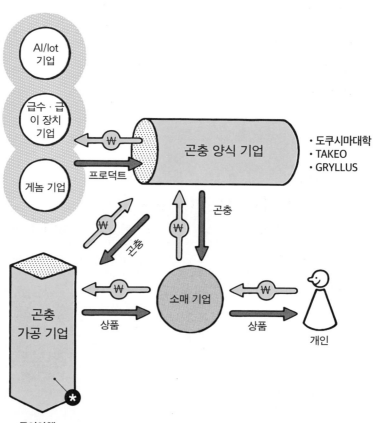

AI/Iot
기업

급수·급
이 장치
기업

게놈 기업

프로덕트

곤충 양식 기업

· 도쿠시마대학
· TAKEO
· GRYLLUS

곤충

곤충

곤충
가공 기업

상품

소매 기업

상품

개인

· 무인양행
· ODD FUTURE
· BugMo

✱ 곤충 가공과 소매를 겸하는 기업도 있다.

하늘을 나는 택시를 타고
빌딩 옥상에서 해외로 간다

현재 개발이 진행되고 있는 하늘을 나는 택시 'eVTOL'은 2030년 이후 인접 국가 간 이동 수단으로 운행될 전망이다.

최신 기술

하늘을 나는 택시에는 eVTOL 방식이 채용된다

하늘을 나는 택시에는 **eVTOL**(electric Vertical Take-Off and Landing) 방식, 즉 헬리콥터처럼 제자리에서 부상하는 전동 수직 이착륙기 방식이 채용되고 있는 경우가 많다. 일본에서는 **SkyDrive**나 **teTra·aviation, eVTOL Japan** 등이 eVTOL 방식의 하늘을 나는 택시를 만들고 있다.

이와 같은 하늘을 나는 택시에 대한 현재까지의 계획을 소개한다.

eVTOL을 개발 중인 스타트업 기업 **Eve**는 세계 3위의 브라질 항공기 제조 기업 Embraer의 산하 기업이다. Eve의 eVTOL은 Fly by wire를 채용하고 있는데, Fly by wire란 기존 방식(조종간이나 페달 등의 움직임을 보조 날개나 승강타에 직접 전달한다)과는 달리 조종 시스템을 전기적으로 제어하는 방식이다. 정원은 좌석 수로 추측컨대 네 명이 탑승할 수 있을 듯하다. 유감스럽게도 그 밖의 상세한 크기, 중량, 전력 관련, 항속 거리, 비행 속도 등은 현재 알려져 있지 않다. 또한 Eve에서는 수리 대응, 사고 대응, 운전 교육, 정기 점검, 보험이나 위치 정보, 운행 지원 등 이러한 차량류에 대한 매니지먼트 서비스도 독자적으로 제공할 것이라고 한다.

하늘에 대한 Eve의 교통 관리에는 새로운 기술 UATM(Urban Air Traffic Management의 약칭)을 채용한다. 이것은 다수의 eVTOL가 비행하는 동안 도시 지역 내 하늘의 안전을 지키는 중요한 기술이다.

영국의 기업 Halo에서는 뉴욕과 런던을 오가는 하늘을 나는 택시를 운행할 계획이다. Halo는 영국의 Halo Aviation와 미국의 Associated Aircraft Group(AAG)이 제휴하여 설립된 기업으로, 헬리콥터를 운행하고 있다. Halo는 Eve로부터 eVTOL 200기를 구입하여 2026년에 뉴욕과 런던에서 에어 모빌리티 서비스를 전개할 계획이다. Halo는 세계 최초로 포괄적인 도시 항공 모빌리티 시스템의 구축을 노리고 있다. 도시 항공 모빌리티란 정체 등의 영향을 받지 않고, 활주로나 조종 기술이 필요 없으며, 소음이나 배기가스가 없는 도시 지역 하늘의 교통수단이다.

eVTOL 비즈니스는 국가 간을 연결하는 택시의 항공기 버전

eVTOL의 비즈니스 모델을 지상의 자동차 택시 비즈니스를 토대로 유추하면 ① 필드가 상공이라는 점, ② 운행 범위가 광범위하다는 점, ③ 공항을 거점으로 하지 않고 해외에 갈 수 있다는 점 등의 차이가 있다. 하늘을 나는 택시에 탑승하려면 택시 앱을 통해 택시를 수배한 다음 빌딩의 옥상 등에서 기다리기만 하면 된다.

차량의 수배 시에는 고도의 결제 시스템(안면 인증 등의 생체 인증)을 사용함으로써 납치 행위나 감염증 확대를 방지할 수 있다. 또한 입출국 수속과 관련해서는 현재 공항에서 이뤄지고 있는 구조를 정비할 필요가 있다.

운행 관리 시스템의 정비도 중요하다. GPS나 레이더망으로 eVTOL의 운행 위치, 운행 고도, 운행 시간을 파악하거나 다른 eVTOL를 포함한 항공 모빌리티[1]와의 충돌 회피나 착륙 장소 등을 파악한다. 이 운행 관리 시스템은 현재의 항공 관제 시스템을 다루는 영국 BAE Systems, 영국 L3Harris, Lockheed Martin 등 관련

---

1 항공 모빌리티란, 드론이나 하늘을 나는 택시 등 '상공을 이동하는 수송 수단'을 말한다. 세계 각지에서 사회적인 구현이 계획되고 있으며, 2030년대 후반에는 크고 작은 다양한 항공 모빌리티가 상공을 이리저리 날아다닐 것이다.

기술을 보유한 기업이 제조, 정비, 납품하고, 그 후의 유지 관리 업무도 담당할 것으로 예상된다.

　Halo의 런던과 뉴욕 간 운행이 원활하게 진행되어 하늘을 나는 택시의 쇼케이스가 성공하면, 다른 eVTOL 운행 기업을 포함하여 운행 노선이 차례로 개통되면서 전 세계로 확장해 나갈 것이다. Halo의 사업 계획을 감안하면 eVTOL의 개발은 2025년경에 완료되고, 곧바로 사업이 시작될 것이다. 그 후 운행 시스템 등이 완성되면서 2030년 이후에는 어느 정도의 규모로 실현될 것으로 예상된다.

하늘을 나는 택시

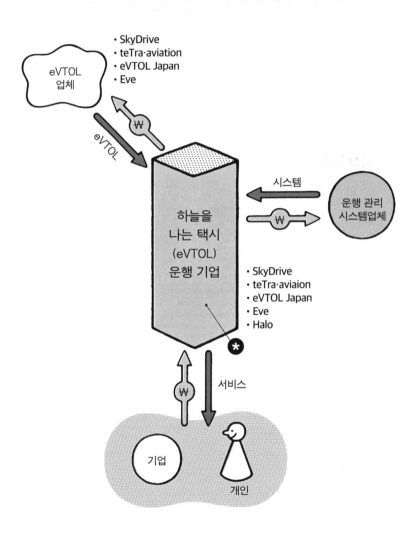

* eVTOL 제조를 겸하기도 한다.

18 #투명인간 서비스 2030-2040
'광학 위장'으로 투명인간이 될 수 있다

투명인간 기술은 군사적으로는 물론 엔터테인먼트, 에너지, 자율주행 기술 등 다양한 시장에서 이용될 것으로 예상된다.

최신 기술

투명인간을 가능하게 하는 '광학 위장' 기술이 있다

광학 위장의 일종으로 광학적으로 대상물을 투명하게 보이게 할 수 있는 기술이 있다. 캐나다의 기업 **HyperStealth Biotechno -logy**[1]에서 개발한 이 기술은 종이처럼 얇고 투명한 시트를 덮으면 시트가 주변 풍경과 일체를 이루면서 제삼자의 눈에는 보이지 않게 되어 투명인간이 실현된다. 이 시트는 렌티큘러(Lenticular) 렌즈의 원리를 이용한다. 렌티큘러란, 시트 표면에 미세한 반원형 모양의 수많은 볼록렌즈가 나열된 시트를 말한다. 이 반원형 볼록렌즈는 반원형 볼록 방향의 상은 그대로지만, 반경 방향의 상은 사라지거나 잘 보이지 않는 성질이 있다. 이 시트 두 장을 서로 엇갈리게 해

1　캐나다에 있는 세계적인 군복 제조업체로 1999년에 설립되었다. 카모플라주(위장) 패턴으로 유명하며 미군, 요르단군 등 세계 50개국이 넘는 나라에 대해 도입 실적이 있다.

서 맞추면 투명인간을 실현할 수 있다.[2] 시트는 경량이므로 어디든 지 운반 가능할 뿐만 아니라 전력 또한 필요 없다. 게다가 저가라는 점이 이점이다. 이 시트는 가시광선뿐만 아니라 자외선, 적외선, 단 파 적외선에서도 기능한다고 한다. 밤이건 낮이건 상관없이 기능하 는 대단한 기술이다.

일본에서도 **도쿄대학**의 이나미 마사히코稲見昌彦 교수가 '**재귀 성 반사재**'를 이용하여 광학 위장을 통한 투명인간 기술을 개발하 고 있다. 재귀성 반사재는 입사한 빛을 흩트리지 않고 곧게 되돌리 는 특징을 갖고 있기 때문에 배경과 같은 영상을 투사하면 보고 있 는 쪽으로 곧게 돌아온다. 그래서 재귀성 반사재를 바른 시트에 배 경을 투영하면 마치 배경에 녹아 있는 것처럼 보이는 구조다.

또한 '메타 물질'이라는 음의 굴절률을 가진 물질도 주목받고 있 다. 영국 Imperial College London의 존 펜드리John Pendry 교수 등은 2006년에 '투명 망토를 실현할 수 있을지도 모른다'는 이론을 발표했다. 특수한 음의 굴절률을 갖춘 메타 물질로 물체를 덮으면 해당 물체가 투명해진 것처럼 보이기 때문이라고 한다. 굴절의 방향 이 반대이므로 빛의 경로가 '〈 모양'으로 꺾이는 것이다.

2　제2차 세계대전 이전에 개발되었다 해도 믿을 수 있을 정도로 간단한 기술이라고 한다. 많은 물리학자가 불가능할 거라는 고정관념을 갖고 있었기 때문에 연구 개발에 착수조차 하지 않았 었다고 HyperStealth Biotechnology는 말하고 있다.

투명인간 기술, 군사부터 엔터테인먼트까지 사용 가능

광학 위장 기술은 아래의 시장에 판매되어 다음과 같은 비즈니스 모델이 될 것이다.

☐ 군사, 방위

상상한 바와 같이 광학 위장 기술은 주로 군사적인 목적에 활용된다. 군복의 위장 패턴이나 방위 장비품의 위장 등 다양한 상황에서 사용된다.

☐ 에너지

광학 위장 기술을 사용하면 태양광 패널의 발전량을 증가시킬 수 있다. 실험에 따르면, 렌티큘러 시트를 설치한 경우와 설치하지 않은 경우 발전량이 약 3배 정도 차이가 났다. 시트 설치 방법이나 시트의 매수, 태양광 패널의 반도체 종류를 최적화하면 발전량을 늘릴 수 있다.

☐ 엔터테인먼트, 광고

광학 위장 시트에 예쁜 영상을 입체적으로 투영할 수 있는 홀로그램 기술을 활용해서 콘서트나 광고에 이용한다. 의외로 단순한 시스템이므로, 취급도 용이하고 가격 또한 저렴하다.

□ 자율 주행 자동차

자율 주행 자동차에는 LiDAR[3]라는 시스템이 탑재되어 있다. LiDAR
에 사용되는 레이저광은 하나인데, 이를 여러 개로 늘리면 정보량이
증가하고 해상도도 높아지므로 안전성이 더욱 보장된다. 따라서 여
기에 렌티큘러 시트를 사용하면 하나의 레이저광을 분할해서 400
만 개에 가까운 작은 레이저광으로 늘릴 수 있다고 한다.

2021년을 기준으로 광학 위장의 기술적인 완성도는 이미 높은
수준에 이르렀지만 앞으로 더욱 진화할 것이다. 광학 위장 외에도
전기적인 제어를 통해 음의 굴절률을 실현하는 기술이나 주위 영상
과 경치에 대상물이 광학적으로 녹아드는 영상 투영 방식이라는 기
술이 있다.

광학 위장은 아마도 10~20년 정도 지나면 기능, 성능이 향상해
활용 장면이 증가하면서 다양한 시장이 변화할 것으로 예상된다.

---

3   LiDAR은 'Light Detection and Ranging'의 약칭이다. 레이저광을 대상물에 비추어 그 산란광과
     반사광을 센서로 관측함으로써 대상물까지의 거리나 대상물의 성질 등을 파악하는 기술이다.

투명인간 서비스

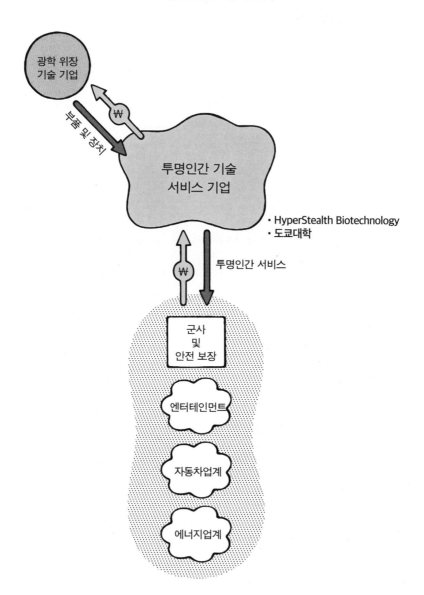

광학 위장
기술 기업

투명인간 기술
서비스 기업

• HyperStealth Biotechnology
• 도쿄대학

부품 및 장치

₩

투명인간 서비스

군사
및
안전 보장

엔터테인먼트

자동차업계

에너지업계

'스카우터'로 시야에 들어오는 정보를 순간적으로 분석한다

AI나 연산 및 추정 알고리즘의 고도화에 따라 진화하는 '스카우터'. 스카우터가 소형·경량화 또는 저가화되면서 서서히 시장에 침투해 스마트 디바이스화되는 미래가 머지않아 도래할 것이다.

최신 기술

'스카우터'는 스마트 안경, AI, AR, IoT 센서로 실현된다

만화 『드래곤볼』에서 프리저 일당이 상대의 전투력을 수치로 표시하는 것을 본 적이 있는가? 그것이 바로 스카우터다. 만화뿐만 아니라 현실에서도 스카우터가 고도의 정보를 표시하는 시대를 곧 맞이할 것이다.

현재까지의 개발 상황은 다음과 같다.

정보를 표시하는 '스마트 글라스'는 안경형 웨어러블 디바이스이다. 안경형이지만 시력을 교정하는 기능은 없고, 안경 너머로 정보를 표시하거나 촬영, 음악 재생 등이 가능하다. 그리고 여기서 스카우터란, 이 스마트 글라스와 AI, AR, IoT 센서를 이용해 다양한 정보를 분석, 표시하는 것으로 정의한다.

미야자키대학宮崎大学의 가와스에 기쿠히토川末紀功仁 교수는 스카우터(안경)를 쓰기만 해도 돼지의 체중을 순식간에 가시화하는 장치를 개발했다. 이 장치는 돼지를 체중계에 올리지 않고도 AI와 AR로 체중을 측정할 수 있게 만든 것으로, 3D 카메라[1], 스마트 글라스, 경사 센서[2], PC(연산 PC)로 구성되어 있다. 3D 카메라로 촬영한 돼지의 이미지가 컴퓨터로 전송되면, 이 이미지는 PC에서 처리 · 연산되어 돼지의 체중이 추정된다. 그리고 그 체중 수치가 스마트 글라스에 표시되는 것이다. 체중을 추정하는 데 있어 컴퓨터에서 이루어지는 처리 · 연산에는 돼지의 지육(식육에 이용하는 동물의 머리, 발 내장을 제거한 고기-옮긴이) 표준 모델을 사용한다. 이를 3D 카메라로 촬영한 이미지와 비교(피팅)하면서 지육 중량을 추정한다. 즉, '이 정도 크기의 돼지라면 체중은 이 정도다'라는 지표가 있어 그것과 비교하면서 체중을 추정해 나가는 것이다[3].

또한 스카우터는 자세나 몸의 형상 등을 보정하는 기능도 갖추고 있으므로 돼지의 이미지가 정확히 찍히지 않아도 된다. 이러한 치밀한 처리 · 연산을 통해 체중의 오차는 수% 이내라고 한다.

---

1 3차원적으로 정보를 파악하는 카메라이다.
2 스마트 글라스를 장착한 사람의 머리 기울기를 감지하는 센서다.
3 기존에 돼지의 체중을 측정하는 방식은 힘이 많이 드는 동시에 시간도 많이 걸렸다. 그래서 돼지의 체중을 측정하지 않고, 사육 날짜와 돼지의 외형만으로 출하 시기를 판단하는 양돈 농가도 적지 않다.

스카우터는 스마트폰처럼 차세대 스마트 디바이스의, 핵심 디바이스

iPhone이나 Android와 마찬가지로 스카우터는 스마트 디바이스화하고, 독자적인 OS가 개발되어 클라우드를 기반으로 한 다양한 기업이 서비스를 제공하게 될 것이다.

▢ 농업, 축산

2021년에는 돼지가 대상이었지만, 향후 돼지 외의 가축이나 농작물과 관련해서도 최적의 출하 시기, 수확 시기를 스카우터로 판단할 수 있게 된다.

▢ 일반 가정

스마트폰, 태블릿처럼 일반 가정에서도 차세대 스마트 디바이스, 핵심 디바이스가 될 것으로 예상된다. SNS 등과 연계해 주변에서 발생한 사건·사고 등의 정보나 교통 정체 정보, 전철의 지연 정보도 스카우터에 표시된다.

▢ 의료

다양한 의료 데이터나 AI 등과 연계하면 의료 분야에서도 활용할 수 있다. 진료를 받으러 온 환자의 체온, 체중, 표정 등을 AI로 분석해 예상되는 질병을 스카우터에 표시하는 것이다. 의사는 스카우터 너머로 보다 정확도 높은 진료를 할 수 있다. 일본의 **QD Laser**는 시각 장애인을 대상으로 영상을 직접 망막에 투영하는 스마트 글라스를 개발했다. 이로써 시각 장애인도 앞이 보이는 사람과 마찬가지로 보행, 행동이 가능해진다.

□ 관광

스마트 글라스를 착용하고 길을 걸으면 스카우터 너머로 맛집 정보나 매장의 세일 정보, 추천 정보 등이 표시된다. 또한 여행지에서는 관광지의 길 안내나 해설도 해 준다.

만화『드래곤볼』을 연상시키는 스카우터는 가까운 미래에 다양한 정보를 분석, 추정해 표시할 것이다. 이 기술은 이미 실현되어 있지만, 향후 AI나 연산 및 추정 알고리즘이 더욱 고도화되고, 저가화 및 소형, 경량화를 거치면서 서서히 시장에 침투할 것으로 예상된다.

스카우터

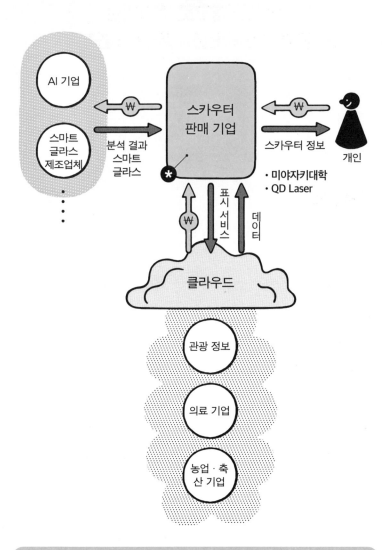

AI 기업

스마트 글라스 제조업체

스카우터 판매 기업

분석 결과 스마트 글라스

✻

스카우터 정보

개인

· 미야자키대학
· QD Laser

표시 서비스

데이터

클라우드

관광 정보

의료 기업

농업 · 축산 기업

✻ AI 기업, 스카우터업체를 겸하는 경우도 있다.

체온과 땀으로 움직이는
웨어러블 디바이스로 충전은 필요 없다

일회용 전지는커녕 충전마저 필요 없다. 2030년 이후에는 체온이나 땀으로 발전해서 웨어러블 디바이스를 사용하는 미래를 맞게 될 것이다.

최신 기술

사람의 체온으로 발전, 인체가 전지가 된다

콜로라도대학 볼더 캠퍼스의 장량 샤오 박사 등이 개발한 웨어러블 디바이스는 피부에 밀착시키기만 해도 체온 및 땀을 이용해 발전(發電)한다. 반지처럼 소형인 점, 저가인 점, 플렉시블(신축성이 있다)한 점, 자가 회복 기능이 있다는 점 등이 특징이다.

이 발전기는 제베크 효과[1]를 이용해서 피부의 $1cm^2$마다 약 1V의 전압을 생성할 수 있다. 일반적인 손목 밴드 크기라면 약 5V의 전압을 생성할 수 있다고 한다. 게다가 재사용이 가능해서 기존의

---

1   제베크 효과란, 어떤 물질(반도체 등) 양쪽 끝의 온도 차에 의해 기전력이 발생하는 현상이다. 이 기술은 40℃ 이하의 체온과 기온의 온도 차만으로 발전하는 구조로 되어 있다.

전자 기기보다 친환경적이고, 발전기의 블록을 레고 블록처럼 추가하면 전력량을 높일 수도 있다.

도쿄공업대학의 스가와라 사토시菅原聰 부교수는 체온으로 발전 가능한 새로운 디바이스 **'마이크로 열전 발전 모듈**(μTEG 모듈)**'**의 연구 개발을 진행하고 있다.

그 밖에 **오사카대학, 와세다대학, 시즈오카대학, 산업기술종합연구소** 등의 연구 그룹도 기존 기술인 반도체 집적회로의 미세 가공 기술을 응용해서 체온으로 발전하는 발전기 개발에 성공했다. 이는 5℃의 온도 차로 1cm^{2}당 12μW의 고밀도 전력을 발전할 수 있다고 한다. 현재의 반도체 집적회로와 같은 방법으로 제작할 수 있으므로, 대량 생산이 가능하여 가격 절감을 기대할 수 있다.

미국의 **MATRIX**[2]는 세계 최초로 체온으로 발전하는 '발열전기술'을 탑재한 스마트 워치 **'Matrix Power Watch'** 시리즈의 판매를 시작했다. 이 Matrix Power Watch는 열전 소자와 부스트 컨버터[3]로 구성되어 있다. Matrix Power Watch는 체온으로 발전 가능할 뿐만 아니라 축전도 가능하므로, 팔에서 분리한 후에도 축전된 전력으로 구동할 수 있다.

---

2   2011년 실리콘밸리에 설립된 물질과학 분야의 선구 기업이다.
3   부스트 컨버터란, 열전 소자가 발생하는 낮은 기전력을 사용 가능한 레벨까지 부스트, 변환하는 것이다.

전지가 필요 없는 웨어러블 디바이스는 미래의 멀티 통신 수단

전지도 충전도 필요 없는 웨어러블 디바이스는 Apple Watch처럼 정보가 집약된 스마트 디바이스가 될 것이다.

이 기술은 가까운 시일 내에 아래와 같은 프로덕트나 시장에 도입될 것으로 예상된다.

☐ 워치

아날로그, 디지털 손목시계에 전지가 필요 없는 웨어러블 기술이 채용되어 판매된다. 팔에 착용하지 않을 때는 태양전지 등으로 발전하고, 착용 중에는 체온 등을 이용해 발전하는 방식이 될 것이다.

☐ 스마트 글라스, 스카우터

앞에서 소개한 스마트 글라스나 스카우터에도 체온으로 발전할 수 있는 기술이 채용될 것이다. 귀나 측두부 등 피부에 닿는 부분의 체온으로 발전한다.

☐ 헬스 케어

소비 칼로리, 만보계, 수면의 양 등을 측정할 수 있는 소형 IoT 센서를 내장한 웨어러블 디바이스에 이 기술이 채용된다. 앞에서 소개한 IoT 센서로 몸에 장착하는 타입은 이 기술에 의해 전지가 필요 없어질 것이다.

□ 야생 동물 등의 연구

동물의 생체 조사를 할 때 동물에 장착하는 센서에 사용될 가능성도 있다. 동물에도 체온이 있으므로, 역시 전지가 불필요하게 될 것이다.

엣지 컴퓨터(클라우드를 경유하지 않고 단말기 주변에서 데이터를 처리하는 컴퓨터)로의 전개도 기대된다. 클라우드에 정보를 송신하지 않고 단말기에서 분석·처리할 수 있다면 더욱 빠르게 대처할 수 있을 것이다.

2021년 현재 체온이나 땀 등으로 발전하는 웨어러블 디바이스는 이미 개발되어 있다. 상품화되기까지는 그리 오랜 시간이 걸리지 않을 것으로 예상되므로, 향후 10년 정도면 시장에 침투할 것으로 보인다.

체온발전, 인체전지

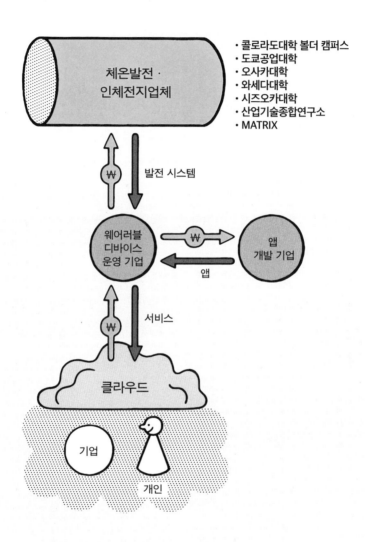

체온발전 · 인체전지업체

• 콜로라도대학 볼더 캠퍼스
• 도쿄공업대학
• 오사카대학
• 와세다대학
• 시즈오카대학
• 산업기술종합연구소
• MATRIX

발전 시스템

웨어러블 디바이스 운영 기업

앱 개발 기업

앱

서비스

클라우드

기업

개인

21 #정수 플랜트 2030-2040
세계 어디에서나
깨끗한 물을 마실 수 있다

사막 지대나 수도 인프라가 정비되어 있지 않은 국가·지역, 그리고 재해용 이나 레저용으로서도 안심하고 안전하며 깨끗한 물을 마실 수 있는 기술 이 판매된다.

최신 기술

깨끗한 물을 얻는 기술은 막과 다공질 재료가 핵심이다

사람이 살아가는 데 있어 물은 반드시 필요하다. 이를 위해 언제 어디서나 깨끗한 물을 마실 수 있는 미래가 반드시 올 것이다.

이와 관련한 현재 기술에 대해 소개한다.

해수를 담수로 바꾸는 기술은 이미 확립되어 있다. 예를 들어 **히 타치조선** 등은 역삼투막법(RO: Reverse Osmosis), 즉 삼투압 이상 으로 가압한 해수를 반투막에 공급해 담수를 생산하는 기술을 보유 하고 있다. 그리고 역삼투막법을 사용한 장치를 오키나와沖縄의 낙 도(落島)나 세계 각국에 판매하고 있다.

공기에서 물을 만드는 장치도 있다. 이 장치는 주로 주변에 바다가 없는 사막 등에서 활용된다.

미국 **캘리포니아대학 버클리 캠퍼스**의 오마르 야기Omar Mwannes Yaghi 박사는 다공질 구조를 가진 금속 유기 구조체(Metal-Organic Framework: MOF)를 이용한 장치 '**Water Harvester**(물 수확기)'로 사막의 공기로부터 높은 수율로 물을 수집할 수 있음을 실제로 증명해냈다.

미국의 **SOURCE**는 '**하이드로 패널**'이라고 하는 패널형 장치를 개발했는데, 태양전지 패널만 한 크기의 이 장치는 지붕에 설치한다. 패널 내 흡수성 소재로 대기 중의 안개로부터 수분을 흡착해 태양열로 물방울이 만들어지면, 그 물방울이 저수조에 쌓인다. 하나의 패널로 하루 최고 5리터의 물을 생성할 수 있다고 한다. 그 밖에도 공기로부터 물을 만드는 워터 서버도 판매되고 있다.

일본의 **WOTA**는 수도가 없는 곳에서도 물을 사용할 수 있는 휴대용 물 재생 플랜트를 개발했다. 그중에서도 '**WOTA BOX**'는 배수의 98%를 재이용해 샤워나 화장실, 세탁할 수 있는 물로 다시 태어나게 한다. 크기는 가정용 석유 난로보다 조금 큰 정도다. 또한 세면대용 수도꼭지가 장착된 '**WOSH**'는 드럼통보다 작은 정도의 크기다. 활성탄과 RO막 등 총 세 개의 필터와 심자외선 및 염소계 소독제를 이용해 99.9999% 이상의 세균, 바이러스를 제균할 수 있다고 한다.

우주의 경우, 국제 우주 정거장 ISS에서는 화장실에서 회수한 소변을 증류해 물로 바꾸고, 공기 중의 수증기에서 얻은 물이나 이미 사용한 물을 여과, 정화 처리해서 음용수 등으로 사용하는 물 재생 시스템(WRS: Water Recovery System)을 이미 가동하고 있다. **쿠리타공업** 역시 소변이나 땀으로부터 음용수를 만드는 시스템을 국제 우주 정거장 ISS에서 실증하고 있다.[1]

물 기술은 인프라 구축, 재해 시에 또는 레저용으로 사용

이와 같은 물 기술은 수자원이 부족하고 바다가 멀리 떨어진 지역에 수도 인프라로서 판매된다. 사막 지대나 사람이 거의 살지 않은 지역, 사람이 왕래하기 힘든 지역 등에 사는 사람들에게 생활용수를 공급하기 위한 인프라로서 정비, 도입될 것이다. 이는 플랜트 제조업체 등이 해외를 대상으로 수출, 판매할 것으로 예상된다.

물의 정수 기술은 다음과 같은 시장에서 판매된다.

□ 지자체

지진, 해일 등의 자연재해로 상수도 인프라가 기능하지 않을 경우에 대비한 백업 용수로서 지자체에 판매된다.

1 　쿠리타공업의 물 재생 시스템은 소변 안의 칼슘이나 마그네슘을 이온 교환으로 제거하고, 고온 고압으로 전기 분해하여 유기물을 분해한다. 마지막으로 전기 투석을 거쳐 음용수를 만든다.

□ 레저 시설

인프라가 정비되어 있지 않은 곳에서 캠핑 등을 할 경우 샤워나 음용수로 활용하기 위해 판매된다. 만약 휴대 가능한 1일용이 개발되면 개인용, 가정용으로 판로가 확대될지 모른다.

□ 우주

우주 호텔이나 우주 인공 식민지, 달·화성으로 이주할 경우 거주 시설에 설치된다. 미국 Gateway Foundation의 발표에 따르면, 2027년까지 우주 호텔의 개업을 목표로서 실현하겠다고 하니 이는 그 무엇보다도 필수적인 기술이 될 것이다.

기술은 이미 확립되어 있지만, 정부나 지자체 대상 인프라로서 정비될 경우에는 도입에 소요되는 비용이나 정치적 방침을 관련시켜 검토해야 할 것이다. 민간 기업이 대상일 경우에는 가격대가 문제다. 대형 제조 거점의 정비나 해외에서의 도입 실적을 쌓으면 저비용화가 진행되고, 그에 따라 도입도 자연스레 진행될 것이다.

정수 플랜트

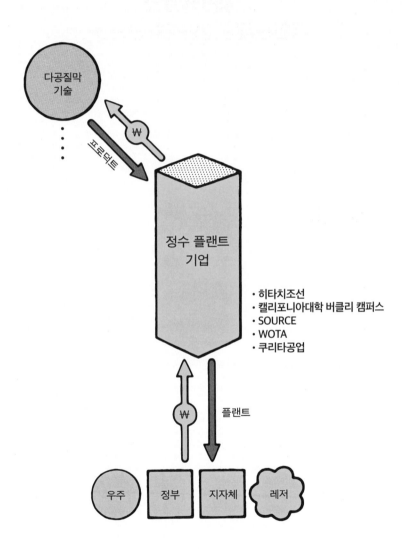

'감정인식 AI'로
대인관계도 고민하지 않는다

감정인식 AI를 활용한 서비스가 시장으로 크게 확대되면서 비즈니스나 친구 등 대인관계로 고민하지 않는 미래가 올 것이다.

최신 기술

인공지능 AI의 발전으로 사람의 감정을 읽어낼 수 있다

현대에는 이미 AI를 활용한 안면인식 기술이 발전하여 단순한 희로애락뿐 아니라 사람의 여러 가지 표정을 분석할 수 있다.

예를 들어 어떤 상품을 보았을 때 진심으로 관심을 나타내는지, 아니면 실제로는 그다지 관심이 없는지 등 표정과 감정의 미묘한 차이를 판단할 수도 있다.

미묘한 표정의 움직임 외에도 눈의 움직임이나 시선, 동공의 크기 등을 토대로 무의식중의 감정이나 사고 또한 추정할 수 있다고 한다. 이는 초정밀 고속 카메라로 눈의 움직임이나 표정의 미세한 움직임 등을 파악해서 AI로 딥 러닝[1]함으로써 가능해진다.

MIT Media Lab에서 독립한 미국의 **Affectiva**[2]는 'Affdex'라는 감정인식 AI와 '**마음 sensor**'라는 앱을 개발하고 있다. 이 감정인식 AI를 사용하면 동영상이나 실시간 영상을 통해 감정을 분석할 수 있다. 34개의 페이스 포인트의 움직임을 토대로 21가지의 표정, 7가지의 감정, 2가지의 특수 지표를 측정한다. 또한 마음 sensor를 이용한 '**마음 sensor for Communication**'이라는 소프트웨어도 개발했다. 이것은 온라인 회의에서 사용할 수 있는 소프트웨어로, 화상 인식 AI를 사용해 사용자의 감정과 표정, 손짓이나 몸짓, 얼굴의 방향을 인식하고, 그 상태를 아바타(Avatar)를 통해 화면에 표시한다. 아바타로 표현함으로써, 카메라를 켜는 데에 거부감이 있는 참가자의 장벽을 낮출 수 있다.

화상인식을 통한 감정인식 AI 외에도 세계에는 이미 음성에 의한 감정인식 AI, 텍스트에 의한 감정인식 AI, 생체 정보에 의한 감정인식 AI를 다루는 기업이 세계 곳곳에 존재한다.

---

1   심층 학습을 뜻한다. 인간의 행위(음성이나 이미지 등을 식별, 예측하는 등)를 컴퓨터에 학습시키는 방법이다.

2   그 밖에도 일본의 CAC와 함께 'Automotive AI SDK'라는 AI를 개발하고 있다. 이는 운전자의 감정, 졸음, 머리 각도나 운전 중 다른 행동의 빈도 등을 측정하여 사고 발생을 미연에 방지할 수 있다. 나아가 운전자뿐만 아니라 동승자의 감정이나 반응도 실시간으로 파악해 차량 내부를 쾌적하고 안전하게 만들어 준다.

감정인식 AI를 이용해 효율적인 대인관계 구축

감정인식 AI는 다음과 같은 시장에 판매될 것이다.

□ 기업의 영업직

여러 번 발걸음하고, 설득에 설득을 거듭한 끝에 힘겹게 거래를 성사시키는 옛날 방식의 영업 스타일이 완전히 달라질 것이다. 상대의 기분이나 생각을 알 수 있으므로 시간과 노력을 낭비하지 않고, 전략을 세워 효과적으로 영업을 전개할 수 있게 된다.

□ 비즈니스의 회의, 교섭 상황

향후 코로나가 잘 수습되어도 온라인 회의는 계속될 것이다. 그러한 온라인 회의에서 감정인식 AI를 탑재한 소프트웨어를 사용하면 회의 참가자 전체의 분위기나 경향을 파악 · 분석할 수 있다. 또한 앞서 소개한 '마음 sensor for Communication'을 사용하면 카메라를 끈 사람, 발언하지 않는 사람, 마이크를 끈 사람의 감정이나 반응도 아바타를 통해 파악할 수 있다.

□ 결혼 상대 찾기나 구직 활동 등

그룹 미팅, 결혼 상대 찾기나 구직 활동과 관련한 개최 기업이 개인용 서비스로서 도입한다. 상대가 자신을 어떻게 생각하는지, 어떻게 평가하고 있는지 빨리 알 수 있으므로 효율적으로 활동할 수 있을 것이다. 또한 최근에는 매칭 앱 등도 일반화되고 있는데, 이 앱으로는 메시지 교환밖에 할 수 없으므로 텍스트 감정인식 AI가 있다면 상대의 기분이나 기대하고 있는 바 등을 파악할 수 있을 것이다.

감정인식 AI 분야의 플레이어는 그리 많지 않으며, 따라서 아직은 과점 상태다. 그만큼 높은 기술력이 필요하고, 참가 장벽이 높은 시장이라 할 수 있다. 감정인식 AI는 상대의 생각 및 기분과 관련된 시장이나 상황에서 가장 효율적으로 활용될 것이며, 이를 위해 감정인식 AI를 사용하고 있다는 사실을 상대가 알지 못하게 하는 등의 대책 마련이 진행될 것이다.

시장에 침투하기까지는 대략 10~20년 정도의 시간이 걸릴 것이다. 또한 B to B의 기업용, B to C의 개인용 서비스로 제공되고, 앱을 통한 정액제로 판매될 것으로 예상된다.

감정인식 AI

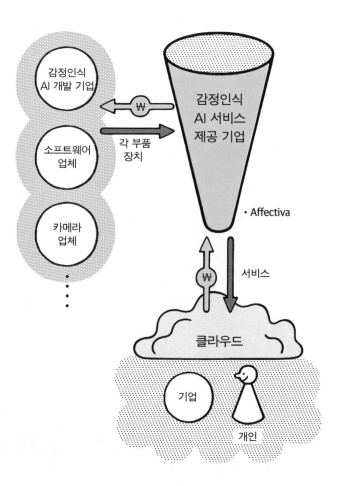

23 #반려동물과의 대화 2030-2040

반려동물 등
다양한 동물과 대화할 수 있다

오늘날에는 기술을 통해 반려동물의 기분을 이해할 수 있게 되었다. 기술이 더욱 발전하여 반려동물과 대화까지 할 수 있게 되는 미래가 2030년 이후에는 실현될 것이다.

최신 기술

반려동물의 기분을 알아내는 데 필요한 IoT 센서와 딥 러닝이 있다

2021년을 기준으로 반려동물과 대화까지는 아니지만, 반려동물의 기분을 파악하는 것은 가능하다. 이는 방대한 데이터를 바탕으로 인공지능 AI를 이용한 기계 학습이나 딥 러닝을 통해 반려동물이 느끼는 감정의 특징을 추출함으로써 실현되었다.

캐나다의 Sylvester.ai는 'Tably'라는 앱을 발매했다. 사용법은 무척 간단한데, 스마트폰에 앱을 다운로드하여 반려동물(고양이)을 촬영하기만 하면 된다. 촬영된 반려동물의 이미지 위에 감정을 나타내는 일러스트가 표시되는 방식으로 현재 반려동물의 기분을 파악할 수 있다. 반려동물의 기분을 파악하는 데에는 컴퓨터 비전[1]과 Feline Grimace Scale(고양이 찡그림 척도-옮긴이)[2]이라는 지표를 사용한다. 아픈 증상이 있는 반려동물과 그렇지 않은 반려동물의 이미지를 비교하면 이 지표에 차이가 있다고 한다. 이 앱은 고양이용으로, '중증 피부 알레르기를 앓는 고양이의 회복을 파악할 수 있었다', '노쇠한 고양이에게 진통제를 투여할 수 있었다', '관절 염증을 알아챌 수 있었다' 등 높은 평가를 받고 있다. 또한 이 앱을 활용하면 수의사와 연계되어 원격 의료가 가능한 이점도 있다.

일본전기(NEC)는 **PLUS CYCLE**(IoT 센서가 탑재된 목줄)과 인공지능 AI를 사용하여 반려동물의 기분을 파악하는 데 성공했다. 가속도 센서나 기압 센서 등이 비치된 목줄로 반려동물의 행동을 측정하고, 그 행동을 토대로 AI를 활용해 반려동물의 기분을 분석한다. 분석 결과는 LINE의 메시지로 보내진다. 반려동물로부터 '졸려…'나 '일어났다' 등의 메시지를 받도록 하는 독특한 상품이다.

일본의 벤처 '**Anicall**'은 반려동물의 목에 장착한 센서와 앱으로 다양한 상태를 파악할 수 있다. 먹이에 다가가는 상황이나 씹는 정도의 파악, 온도나 습도 관리, 운동량 관리 등이 가능하다.

---

1   사람의 시각으로 완성되는 작업을 자동화해서 컴퓨터가 시각 세계를 이해할 수 있도록 하는 기술이다.
2   기계 학습에 사용되는 알고리즘으로, 몬트리올대학 부속 동물병원에서 개발되었다. ① 귀의 위치, ② 눈이 뜨인 상태, ③ 코끝부터 입가의 긴장 정도, ④ 수염의 위치, ⑤ 머리의 위치 등 다섯 가지로 고양이의 통증을 파악할 수 있다.

반려동물 시장에서 동물원으로까지 확대

현재는 반려동물(개나 고양이)이 서비스의 주요 대상이지만, 향후에는 대상이 되는 동물이 훨씬 더 다양하게 확장될 가능성이 있다. 그렇게 되면 반려동물 시장에 그치지 않고, 동물원 시장으로까지 확대될 것이다. 동물원에 있는 동물은 포유류 등 고등동물만 있는 것은 아니지만, 사육사 중에는 자신이 담당하는 동물과 더 깊은 신뢰를 쌓고 싶다거나 소통을 하고 싶어 하는 사람도 있을 것이다.

동물에게 소형의 경량화된 IoT 센서를 장착해 24시간 365일 영상으로 모니터한다. 이 같은 과정을 통해 딥 러닝과 동물의 표정에 특화한 지표를 활용해서 실시간으로 동물의 건강 상태나 감정을 파악하는 미래를 예측할 수 있다. 이 기술과 프로덕트를 보유한 기업은 동물원에 매일(혹은 정기적으로) 서비스를 제공하고 수익을 얻는 구조다.

현재는 동물의 기분을 분석하여 이해하고 그에 따라 사람이 대응하는 단방향 커뮤니케이션 방식을 취하고 있는데, 쌍방향 커뮤니케이션은 아직은 상당히 곤란한 것으로 보인다. 한편, 현재 이미 이미지를 토대로 AI를 통해 반려동물의 기분을 분석하고 있으므로, 영상을 토대로 AI를 이용해 실시간 분석이 가능하기까지는 다른 사례를 고려했을 때 그리 오래 걸리지는 않을 것이다.

미래학자 윌리엄 하이엄William Higham은 '10년 이내로 개와 이야기할 수 있는 디바이스 개발이 실현될 것'이라고 말한다.

개나 고양이 등 반려동물과의 대화는 2030~2040년에 실현될 것이다. 나아가 개나 고양이 외에 다양한 동물과의 대화가 실현되기까지는, 영상을 토대로 딥 러닝과 동물의 표정에 특화한 지표가 정비되는 데 20년에서 30년 이상의 세월이 걸린다고 하면 2040년~2050년 이후에 실현된다고 보는 것이 타당할 것이다.

반려동물과의 대화

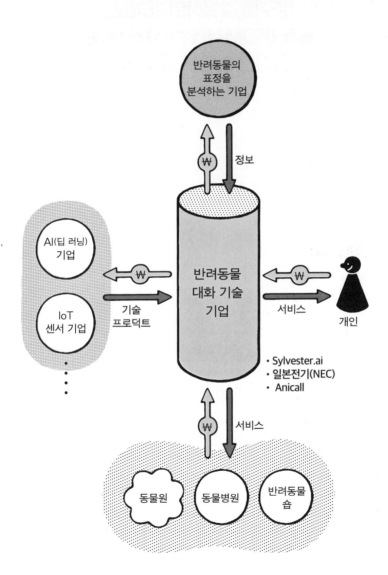

24 #단시간 여행 2030-2050
우주를 경유하여 해외로,
세계 어디에서나 한 시간 이내,
단시간 여행이 가능하다

하네다에서 로스앤젤레스까지 가려면 비행기로 약 10시간이 걸린다. 그러
나 2030~2040년경에는 전 세계 어디로든 한 시간 이내에 갈 수 있게 되는
그런 미래가 올 것으로 예상된다.

최신 기술

로켓을 사용해 우주를 경유한다

현재 우주로 가는 탈것으로는 수송기('로켓형'과 '유익형'의 두 종
류)가 있다. 수송기는 물건이나 사람을 우주로 운송하지만, 사람보다
는 물건을 옮기는 빈도가 압도적으로 많다.

또한 개발이 진행되고 있는 달이나 화성으로의 우주선 Starship
(로켓형) 등이 '세계 어디에서든 한 시간 이내'의 수송기로 사용될 것
이다.

그렇다면 어떻게 해서 한 시간 이내에 해외로 갈 수 있을까? 수
송기가 이륙하면 계속 상승하여 구름을 관통하고 대기권을 돌파해

우주에 도착한다. 그런 다음 하강하기 시작해 다시 대기권에 돌입, 목적지에 착륙한다. 이와 같은 방식의 수송기를 실현하려면 다음의 기술이 핵심이다.

먼저 수송기와 기내 환경을 안전하게 유지하는 기술이 필요한데, 그 이유는 특수한 훈련을 받은 우주 비행사가 아니라 일반인이 타기 때문이다. 이를 위해 엔진 가동 시의 가혹한 진동·음향 환경, 마하를 넘는 비행 속도에서 발생하는 G, 그리고 미소 중력(무중력) 상태를 극복하고 안전하게 비행할 수 있는 기술이 필요한데, 이는 이미 개발되어 있다.[1]

나아가 대기권에 돌입할 수 있는 기술도 중요하다. 대기권에 돌입하면 약 1,600℃의 열이 발생한다. 미래에는 이 열에 견딜 수 있는 세라믹이나 카본 등의 재료 외에도 저렴하고 가공이 용이한 재료가 개발될 것임에 틀림없다.

그리고 지구로 안전하게 귀환, 착륙하는 기술도 꼭 필요하다. 유익형이라면 비행기처럼 활주로에 착륙할 수 있을 것이고, 로켓형이면 SpaceX의 '팰컨 9'의 제1단 부스터[2]처럼 하늘에서 귀환하여 자세를 잘 제어하면서 지상에 직립 상태로 착륙할 것이다.

---

1 2021년 7월 20일, 미국의 기업 Blue Origin은 일반인인 82세(역사상 최고령) 여성과 18세(역사상 최연소) 남성의 우주 여행을 성공시켰다. 같은 해 9월 18일에는 SpaceX가 의족을 사용하는 암 완치자의 3일간의 우주 여행을 성공시켰다(Inspiration 4).

2 SpaceX의 기간 로켓인 팰컨 9의 발사에 필요한 연료 탱크 부분이다.

비행기 비즈니스 모델로부터 파생

현재의 항공 비즈니스와 유사한 비즈니스 모델이 될 것으로 생각된다. 비행기업체에 해당하는 수송기업체로는 미국의 **SpaceX**와 **Virgin Galactic** 등의 기업이 있다.

한 시간 이내라는 짧은 시간이지만, 기내에서는 다양한 서비스가 제공된다. 영화, 드라마, 게임 등의 엔터테인먼트는 물론, 기내식으로서 우주식이 제공되거나 무중력 체험 등 우주와 관련된 비즈니스가 창출될 것이다.

수송기를 쏘아 올리는 스페이스 포트의 운영에 있어서 레스토랑·매점 등의 B to C나 수송기 정비 및 연료 공급 등의 B to B 비즈니스는 당연하다. 필드가 우주로 확장되기 때문에 수송기의 교통 관제나 스페이스 데브리[3]의 감시, 정보 제공, 우주 쓰레기를 제거하는 기업도 필요할 것이다.

또한 기존 종이 티켓의 대체로서 스마트폰의 RFID, QR 코드도 당연히 생각할 수 있지만, 안면 인증, 정맥 인증 등 생체 인증이 자연스럽게 활용될 것이다. 취득한 생체 정보는 이용자의 건강 상태 관리나 스페이스 잭(비행기 납치의 우주판)의 방지에 유용하게 활용할

---

3   우주 쓰레기. 운용 종료된 위성이나, 발사 후의 로켓 잔해 등을 말한다.

수 있다. 보험 상품도 당연히 판매될 것이다.

그런데 세계 어느 곳으로든 한 시간이면 갈 수 있는 이 꿈의 수송기는 대체 그 비용이 얼마가 될까? 수송기의 대형 제조 거점 정비, 수송기 대수나 재이용 기술이 진행되면 저비용화를 실현할 수 있다. 또한 많은 탑승자가 이용하는 등 실적이 쌓이면 저비용화가 가능해진다. 그런 점들을 고려하면 초기 가격은 서보비털 여행[4]과 같은 정도인 수백 만엔에서 수천 만엔 정도로 예상된다. 과도기에는 수십 만엔에서 수백 만엔 정도로 유지되다가, 최종적으로는 현재의 비행기 티켓과 비슷한 가격대로 정착할 것으로 보인다.

또한 물류업계에도 커다란 변화가 일어날 것이다. 그 전까지는 구하기 곤란했던 식재료가 수출입되면서 식문화가 급변하고, 새로운 식재료나 요리를 제공하는 슈퍼나 레스토랑도 등장할 것임에 틀림없다. Amazon 등은 현재도 국내에서는 익일 배송이 가능하지만, 앞으로는 세계 어디라도 익일 배송이 충분히 가능할 것으로 생각된다.

Starship의 개발 상황을 감안하면 그리 멀지 않은 2030~2040년 무렵에는 '우주를 경유한 해외 여행'이 실현될 것이다. 그러나 저비용화가 진행되어 일반인에게 보급되기까지는 좀 더 기다려야 할 듯하다.

---

4 우주 공간(고도 100km)까지 올라가 10분 미만의 무중력 체험을 한 후 지구로 돌아오는 여행. 총 두 시간 정도의 짧은 여행이다.

단시간 여행

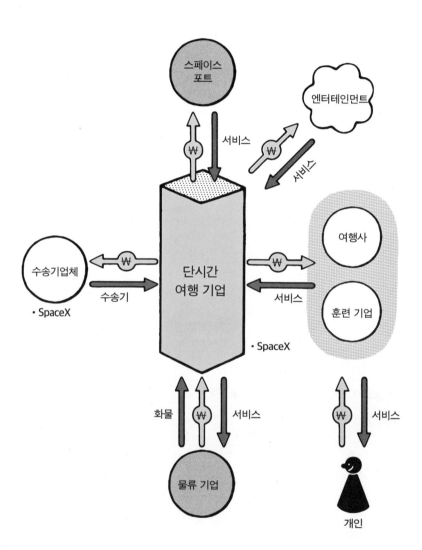

국내 이동은 리니어보다 하이퍼루프가 빠르다

초고속으로 국내를 이동할 수 있는 '하이퍼루프'가 2030~2040년경까지 실현되어 2050년 이후에는 대규모로 정비될 것으로 예상된다.

최신 기술

진공 튜브 안을 시속 1,000km로 이동하는 열차가 있다

하이퍼루프란, 진공 안을 고속으로 이동하는 열차다. 차세대 철도인 하이퍼루프는 제트 여객기(시속 800~900km)보다 빨라 시속 약 1,000km 이상으로 이동할 수 있다.

이 차세대 열차는 부상형으로 리니어 모터카처럼 초전도 등의 기술을 이용한다. 하이퍼루프가 부상형인 데에는 이유가 있다.

만약 이 속도로 레일을 따라 주행하면 차바퀴와 레일의 접촉으로 격렬한 마찰이 일어나기 때문에 차량의 파손 및 인명 관련 사고로 이어질 위험이 있다.

그런데 시속 1,000km의 속도를 실현하려면 공기 저항을 최대한 억제할 필요가 있다. 따라서 하이퍼루프가 주행하는 터널 모양의 공간('튜브'로 불림)은 진공 상태로 유지된다. 진공 상태로 만들어 열차에 가해지는 공기 저항을 낮추는 것이다.

하이퍼루프는 고속철도처럼 국내를 종단·횡단하는 형태로 정비되어 주요 도시를 경유할 것이다. 일본이라면 국토 약 1,500km 거리의 하이퍼루프를 정비하게 된다. 이를 위해 장거리 튜브를 정비하고, 방대한 공간을 진공 상태로 유지하는 기술이 필요하다.

지진·태풍 등의 자연재해 등 어떤 사태가 발생하더라도 공기가 새는 일이 있어서는 안 된다. 한편, 정류장은 승객이 승하차하는 곳이므로, 진공이 아니라 압력이 가해진 공간이어야 한다.

그래서 튜브 내의 진공 공간과 정류장의 압력이 가해진 공간을 구분하여 열차는 원활하게 주행하고, 승객은 안전하게 승하차할 수 있도록 하는 기술이 순조롭게 개발되고 있다. 하이퍼루프 개발을 추진하고 있는 기업은 미국의 Virign Hyperloop와 Hyperloop TT, 네덜란드의 Delft Hyperloop, 미국의 MIT Hyperloop 등이 있다.

비즈니스 미래 지도

고속철도의 비즈니스 모델이 힌트

하이퍼루프의 비즈니스 모델은 일본의 신칸센新幹線이나 유럽의 TGV 등 고속철도 비즈니스 모델을 토대로 추측할 수 있다.

차량 제조업체에서는 튜브 내의 진공 환경에서도 공기가 새지 않는 여압된 차량을 개발한다. 여기에는 국제 우주 정거장 ISS나 우주선에서 사용되는 내부 공기를 유지하면서 공기가 새지 않도록 하는 기술이 응용된다. 나아가 공기 저항을 줄이는 데 이상적인 유선형의 차체도 개발된다.

선로 정비 · 보수 기업은 튜브를 제조 · 유지 관리하는 역할을 담당한다. 광대한 공간을 진공 상태로 유지하기 위한 진공 장치를 설치하고, 진공이 새는 상황에서 이를 신속히 발견할 수 있는 센서도 장착한다. 만약 진공이 새는 상황이 발생할 경우에 대비하여 응급 조치와 지속적 조치의 대응도 정비한다. 또한 시속 약 1,000km에서의 안전한 주행과 정확한 운행 시간을 유지하기 위한 운행 관리[1]가 필요할 것이다.

차내에는 디지털 광고뿐만 아니라 3D 홀로그램의 광고도 실린다. 또한 신설되는 역이나 그 주변에는 쇼핑센터, 호텔, 아파트 등이 건설된다. 그리고 빌딩에는 기업들이 입주하고 토지 가격이 상승하여 부동산 · 도시 개발 사업으로서 발전한다. 물류의 관점에서는 신선도가 유지된 상태에서 식품 · 물품 등이 유통된다.

세계적으로는 하이퍼루프가 2021년 기준으로 10년 이내에 실현될 수 있다는 연구기관의 보도가 있다.

---

1 신칸센의 운행 관리 시스템에는 '규슈 신칸센 지시 시스템 SIRIUS', '도카이도 · 산요신칸센 운전 관리 시스템 COMTRAC', 도호쿠 · 조에쓰 · 나가노 · 야마가타 · 아키타 신칸센의 '뉴 신칸센 종합 시스템 COSMOS' 등이 있다. 이는 모두 히타치 제작소에서 만들었다.

그러나 일반 운행은 더 먼 이야기다. 예를 들어 미국 각 주의 끝에서 끝까지(약 2,300km) 연결하는 노선에 튜브를 정비하는 데에도 10년 이상의 세월이 소요될 것이다. 하물며 미국 전 국토를 대상으로 하면 더욱 많은 시간이 소요된다. 따라서 하이퍼루프의 대규모 운행이 가능해지는 시기는 2050년 이후가 될 것으로 예상된다.

고속철도의 선진국인 일본에서는 (지연에 관한 보도는 있지만) 2027년 개업을 목표로 리니어(전자 회로에서 입력 대비 출력이 일정한 정비례 관계를 가지는 것. 일반적으로 오디오 앰프가 이러한 특성이 있음-옮긴이)에 대한 정비가 진행되고 있다.

리니어 개발이 우선시되는 일본에서는 세계의 하이퍼루프 개발과는 시간 축이 크게 어긋나게 될 것이다. 만약 일본 내에 하이퍼루프가 정비되면 도쿄에서 오사카·교토까지 20분 만에 이동할 수 있다.

하이퍼루프

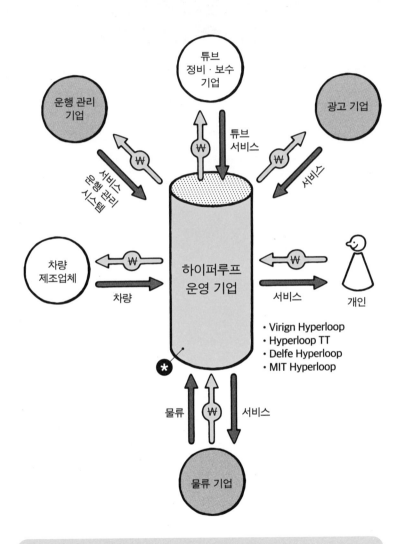

* 현시점에서는 차량 제조업체를 겸하고 있다.

'제트 슈트', 군사용뿐만 아니라 엔터테인먼트 요소도 있다

제트 슈트는 이미 개발이 완료된 상태다. 제트 슈트의 하늘을 나는 기술이 군사나 엔터테인먼트 분야에서 활용되는 미래가 머지않아 올 것이다. 한편, B to C로서 일반용으로 보급되려면 좀 더 시간이 걸릴 것이다.

최신 기술

아이언맨처럼 팔에 제트 엔진을 붙이고 하늘을 난다

제트 슈트는 영국의 Gravity Industries[1]라는 기업이 개발한 것으로, 착용하면 하늘을 날 수 있게 해 주는 기술이다. 제트 슈트의 제트 엔진은 팔에 각각 두 개와 등과 허리 부분에 각 한 개씩 장착되어 있는데, 제트 엔진에서 제트가 분사되면서 공중으로 떠오른다. 출력은 양손 스로틀의 강약으로 조정할 수 있으며, 팔의 제트 엔진 분사 방향으로 자세를 제어하면서 자유롭게 비행할 수 있다.[2]

---

1   2017년에 설립된 영국의 벤처 기업이다.
2   보도에 의하면 시속 128km, 높이 3,600m까지 상승할 수 있다고 한다. 2019년 11월 14일, 시속 136.891km의 속도를 내어 '보디 컨트롤 제트 엔진 파워드 슈트 최신 부분'에서 기네스 기록

이는 마치 영화 〈아이언맨〉의 파워 슈트와 같다. 제트 엔진의 연료는 등유인데, 이를 스쿠버 다이빙의 가스통처럼 짊어진다. 제트 슈트 본체는 놀랍게도 3D 프린터로 제조되었다고 한다.

Gravity Industries는 비행 훈련도 시행하고 있다.[3] 첫 제트 슈트 비행은 훈련으로 시작된다. 구명삭이라고도 할 수 있는 끈을 제트 슈트에 부착한 상태에서 서서히 제트 엔진을 분사한다.

제트 엔진에서는 굉음이 나기 때문에 헤드셋의 이어 프로텍터를 장착하면서 훈련한다. 게다가 양팔의 제트 엔진이 다소 무거우므로 고정대에 놓은 후 제트 엔진의 분사에 익숙해지도록 훈련한다. 당연히 지상을 향해 분사하여 공중에 뜬 상태를 유지하는 훈련도 한다.

비즈니스 미래 지도
군사와 우주 여행 비즈니스를 토대로 예측

제트 슈트는 군사 훈련에 활용될 뿐만 아니라 엔터테인먼트의 요소도 갖추고 있다.

이 수립된 바 있다.

3 Gravity Industries의 홈페이지에는 'Flight Experience(비행 체험)'과 'Flight Training(비행 훈련)' 두 개의 서비스가 게재되어 있다. Flight Experience는 1인당 2,800달러+부가세, Flight Training은 1인당 8,300 달러+부가세로 가격이 책정되어 있다.

□ 군사, 방위

정부의 군 · 방위 등의 조직에 제트 슈트를 판매한다. 이미 네덜란드 해군 특수부대나 영국 해군의 군사 훈련에서 제트 슈트가 활용되고 있다. 제트 슈트로 배에서 배로 이동하는 해상전도 있고, 육상전에서의 사용도 기대할 수 있다. 이로부터 파생되어 제트 슈트의 조작에 관한 강의나 훈련 등의 교육 비즈니스도 생길 것이다.

□ 엔터테인먼트

관광지에서의 체험 투어나 테마파크 등의 엔터테인먼트용으로 판매된다. 예를 들어 해변의 패러세일링으로 유추해 보면 투어 액티비티로서 충분히 가능성이 있을 것이다.

□ 모빌리티

이동 수단으로서의 가능성도 부정할 수 없다. 제트 슈트를 착용하고 최장 1.4km까지 비행했다는 보도도 있으므로, 미래에는 거리의 이동 수단이 될지도 모른다.

　제트 슈트의 미래는 우주 여행을 토대로 예측할 수 있다. 우주 여행에는 사전 훈련이 필요한데, 이 점은 제트 슈트도 마찬가지다. 자유자재로 비행하려면 비행 중에 자세를 제어할 수 있을 정도의 근력과 밸런스가 필수다. 따라서 제트 슈트의 무게(약 30kg)를 지탱할 만한 근력이 없는 사람, 체중이 많이 나가는 사람, 근력이나 밸런스가 약한 사람, 핸디캡이 있는 사람 등은 사용할 때 고전할 수밖에 없다. 따라서 반드시 훈련 비즈니스가 따라야 할 것이다.

현재 제트 슈트의 가격은 상당히 비싸다.[4] 이러한 이유로 부유층에서만 사용되고 있고 훈련도 약간 혹독한 감이 있지만, 장래 소형·경량화나 추력·비추력의 향상 등 기술이 더욱 진화하면 가격이 떨어질 뿐만 아니라 누구나 쉽게 취급할 수 있게 되어 훈련이 간소화되거나 혹은 사라질 것이다.

향후 저가화가 진행되려면 제조 거점의 대형화, 훈련 기술의 향상, 다양한 일반인의 비행 실적 등이 축적되어야 하는데, 그렇게 되기까지는 10년에서 20년 정도의 세월이 걸릴 것으로 생각된다. 그 후에는 저가화가 진행되어 차츰 일반화할 것이다.

---

4   제트 슈트는 영국의 고급 백화점 체인 'Selfridges(셀프리지)'에서 약 5,000만엔(한화 5억원 정도)에 판매되었다. 현재도 Selfridges에서 구입할 수 있는지는 알 수 없다.

제트 슈트

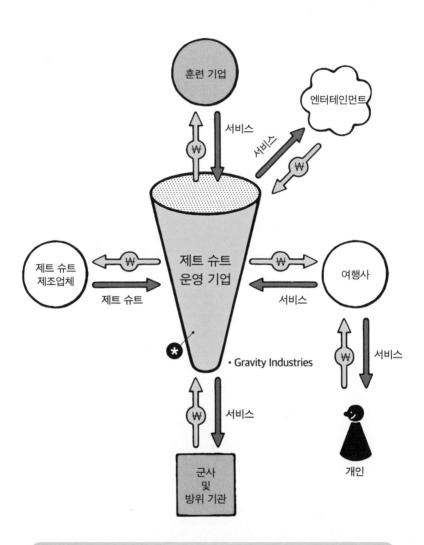

* 제트 슈트 제조업체와 훈련 기업을 겸하는 경우도 있다.

27 #무선 충전 2030-2050

콘센트 필요 없이 방에 두기만 해도 충전이 가능하다

콘센트도 충전 패드도 사용하지 않고, 실내에 두기만 해도 스마트폰을 충전할 수 있는 기술이 2040년경까지는 보급될 것으로 예측된다.

최신 기술

적외선 레이저 · 전파 · 자기장을 사용해 무선 충전한다

디바이스를 실내에 두는 것만으로도 충전이 가능한 미래가 온다. 이와 관련한 현재까지의 기술을 소개한다.

현재 일부 스마트폰에는 이미 Qi 규격[1]의 무선 충전 기능이 탑재되어 충전 패드에 '놓기만 해도' 충전이 가능한 기술이 상용화되어 있다. 무선 충전이라는 카테고리에는 차이가 없지만, 엄밀히 말하자면 이것은 '방에 두기만 해도' 충전 가능한 기술은 아니다.

---

1   Qi는 케이블에 접속하지 않고 충전할 수 있는 무선 충전의 규격으로, 전기를 보내는 쪽의 패드에는 송전용 코일이, 충전하는 측의 단말기에는 수전용 코일이 내장되어 있다.

그렇다면 '방에 두기만 해도 충전'을 실현하는 기술의 개발 현장을 살펴보자. NTT 도코모에서는 Wi-Charge라는 무선 충전을 개발했다. 천장에 설치된 조명에 Wi-Charge 송신기를 내장해 적외선 레이저로 송전하면, 스마트폰에 내장된 소자(태양전지와 같은 것)가 적외선을 수전해서 발전하여 이를 이용해 충전할 수 있는 구조이다. 송전 범위는 4m 정도라고 한다.

중국의 Xiaomi(샤오미)에서는 차세대 무선 충전 기술 'Mi Air Charge Technology'를 개발했다. 이 기술로는 반경 수m 이내의 디바이스에 5W의 무선 충전이 가능하다. 5W라면 케이블 충전과 동일한 충전량이다. Mi Air Charge Technology는 허브가 되는 충전 디바이스에 다섯 개의 위상(위치) 간섭 안테나[2]를 내장해 스마트폰의 위치를 파악한다. 그리고 144개의 안테나가 붙어 있는 위상 제어 어레이를 사용해 빔 포밍[3]된 밀리파 전파로 스마트폰을 무선 충전할 수 있다. 여담이지만, Xiaomi는 소리의 진동을 전기 신호로 변환해 충전하는 '소리로 충전하는 특허'도 출원 준비 중에 있다.

또한, 도쿄대학의 가와하라 요시히로川原圭博 교수 등은 방의 천장 · 벽 · 바닥에 송전 기기를 매립해 자기장을 발생시켜 스마트폰 등의 전자 기기를 충전할 수 있는 '멀티 모드 준정적 공동 공진기

---

2 위상(위치) 간섭 안테나란, 예를 들어 스마트폰의 전파 위상파 같은 형태의 전파를 수신할 수 있으면 전파의 방향을 알 수 있어 스마트폰의 위치를 특정할 수 있는 안테나를 말한다.
3 위상 제어 어레이의 전류 위상을 조정해 전파를 어떤 방향으로 위상이 같아지도록 하면 그 방향으로 강한 지향성을 가진 전파를 송신할 수 있는 기술(빔 포밍)이다.

(Multimode QSCR)[4]를 개발했다. 전자 기기를 패러데이의 법칙으로 충전할 수 있는 구조다. 나아가 이 자기장에 의해 '부유하는 디바이스'도 가능해질 거라고 한다. 예를 들면 모니터를 실내에 띄우거나 천장에 수납할 수 있게 되는 것이다.

비즈니스 미래 지도

실내 무선 충전은 다른 시장과의 연계가 필수

Wi-Charge나 Mi Air Charge Technology는 시장 투입 시기가 아직은 불투명해 보인다. 그렇더라도 이러한 무선 충전 기술은 아래 시장의 제품에 추가되는 형태로 판매되어 최종적으로는 B to C의 C가 이용하는 비즈니스 모델이 될 것으로 생각된다.

□ 가전업체

스마트폰 외에도 현재 콘센트를 사용하는 가전(전기밥솥, 공기청정기 등)은 모두 충전할 수 있게 된다. 조명, 텔레비전, 에어컨 등의 가전에 무선 송전 기기를 설치해 판매하는 동시에, 밥솥이나 공기청정기 등의 가전에도 수전 기기를 설치하여 판매한다.

---

4   방 중앙에 거대한 도체 막대를 설치할 필요가 있다는 점, 벽 부근에서는 충전 효율이 저하된다는 점 등의 문제가 '멀티 모드 준정적 공동 공진기'로 해결되었다.

□ 주택, 부동산, 카페, 음식점

건물 일체형 가전이나 천장·벽·바닥에 송전 기기를 매립한 타입은 주택업체, 건축물 개발업자 등과 연계하여 부동산과 함께 판매된다.

□ 자동차, 전철, 선박 등의 모빌리티

자동차, 전철, 선박에는 각각의 천장·벽·바닥에 송전 기기를 설치 혹은 매립한 타입이 도입된다. 이로써 자동차는 스마트폰을 안에 놓기만 해도 운전 중 충전이 가능하고, 전철이나 선박에서는 좌석에 앉아 스마트폰을 만지고 있는 동안 충전될 것이다.

위에서 소개한 기술 중에는 이미 실현된 것도 있고 개발 중인 것도 있다. 방의 천장·벽·바닥에 송전 기기를 매립하는 타입은 2030~2040년경에는 도입이 시작될 것으로 기대된다. 또한 규격의 통일이나 무선 충전 시스템의 대형 제조 거점 정비, 그리고 도입 실적이 축적되면 저비용화가 진행된다.

이러한 점들을 감안하면 2030~2040년경에는 무선 충전이 가정에 보급되어 일반화할 것으로 예상된다.

무선 충전

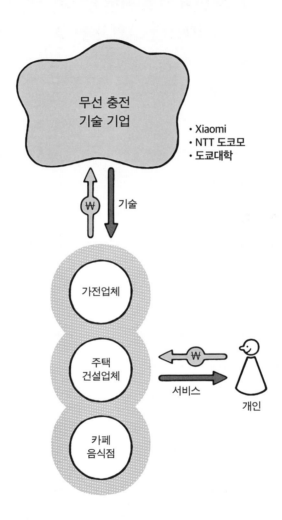

무선 충전
기술 기업

• Xiaomi
• NTT 도코모
• 도쿄대학

₩ 기술

가전업체

주택
건설업체

₩
서비스

개인

카페
음식점

#우주 쓰레기 제거 2030-2050

우주 쓰레기 처리는 우주를 위한 빅 비즈니스가 된다

우주에 떠도는 대량의 우주 쓰레기는 우주선과의 충돌이 우려된다. 2030~2040년경에는 안전한 우주 환경을 만들기 위한 다양한 비즈니스가 창출될 것이다.

최신 기술

우주 쓰레기는 위성으로 제거해 사고를 방지한다

우주 쓰레기는 스페이스 데브리[1]라고도 한다. 큰 우주 쓰레기는 원래 운용이 종료된 위성이나 로켓 또는 그것들의 파편이다. 안타깝게도 우주 쓰레기는 우주 비즈니스가 성황을 이루면 이룰수록 증가한다. 우주 쓰레기는 우주에서 운용 중인 인공위성·로켓·우주선 등과 충돌할 가능성이 있으며, 만약 충돌하면 고장·파괴 등 막대한 피해가 발생한다.[2] 현재까지도 우주 쓰레기와의 충돌 혹은 충돌이

---

1 JAXA에 따르면 10cm 이상의 쓰레기가 약 2만 개, 1cm 이상의 쓰레기가 50~70만 개, 1mm 이상의 쓰레기가 1억 개 넘게 발견되었다고 한다.
2 우주 쓰레기와 충돌하면 또 다른 새로운 우주 쓰레기가 발생하는데, 이렇게 연쇄적으로 우주

의심되는 사례가 여러 건 존재한다. 따라서 향후에는 우주 쓰레기의 제거, 감시, 발생 방지에 관한 문제가 중요한 이슈로 떠오를 것이다.

그렇다면 어떻게 우주 쓰레기를 제거해야 할까? 그 방법은 바로 위성을 사용하는 것이다. 위성의 자세 제어, 궤도 제어 기술을 구사해서 우주 쓰레기로 다가가 기계 팔·그물·자석으로 포획한 다음 함께 대기권으로 돌입하여 전부 불태운다. 일본의 Astroscale, 스위스의 ClearSpace, 이탈리아의 D-Orbit, 미국의 Starfish Space 등이 우주 쓰레기를 제거하는 대표적인 기업이다.

스카이퍼펙 JSAT에서는 **이화학연구소, JAXA, 나고야대학, 규슈대학**과 제휴하여 우주 쓰레기에 레이저를 쏘아서 방향을 바꾸는 '레이저 어브레이션' 기술로 우주 쓰레기를 대기권에 유입시키는 아이디어를 고안했다.

또한 미국 LeoLabs 등의 기업은 지구에서 레이더망으로 우주 쓰레기 상황을 감시하여 우주 쓰레기의 충돌 가능성에 관한 정보를 수집, 제공하고 있다.

아직 개발 단계에 있긴 하지만, 운용이 종료된 위성이나 로켓이 스스로 대기권에 돌입하는 장치도 있다. 인공 별똥별로 유명한 기업 **ALE**는 도전성 테더(Electro Dynamic Tether: EDT)로 궤도를 이탈시키는 기술을 JAXA와 함께 개발하고 있다.

쓰레기가 증가하는 현상인 '케슬러 증후군'을 반드시 피해야 한다.

과점 시장이 될 우주 쓰레기 비즈니스

우주 쓰레기와 관련된 비즈니스는 크게 ① 우주 쓰레기를 제거하는 비즈니스, ② 우주 쓰레기 정보를 제공하는 비즈니스, ③ 우주 쓰레기를 줄이는 비즈니스, ④ 우주 쓰레기에 의한 충돌 사고를 해결하는 비즈니스로 나뉜다. 이들 비즈니스의 초기~과도기는 기술적 장벽이 높고, 고도의 전문성이 필요하므로 플레이어가 많이 증가하지는 않을 것이다.

①의 제거 비즈니스는 위성을 정밀하게 궤도 제어, 자세 제어하는 **'랑데부 도킹 기술'**을 보유한 기업이나 우주 쓰레기를 포획할 수 있는 **'로보틱스 기술'**이 뛰어난 기업이 담당하게 된다. ②의 정보 제공 비즈니스는 지구상의 모든 지점에 레이더망을 정비하고 이를 통해 감시함으로써 충돌 가능성 정보를 제공, 판매한다. ③의 우주 쓰레기를 줄이는 비즈니스는 우주 쓰레기가 만들어지지 않도록 하는 장치를 제조, 판매하는 기업이 담당한다. ④의 사고 해결 비즈니스는 변호사 등이 담당한다. 이와 관련하여 국내외에서 법 규제 · 규칙이 정비되고 있지만,[3] 누가 우주 쓰레기를 발생시켰는지를 명확히

---

3   일본의 우주활동법에는 '인공위성 등이 분리될 때 가능한 한 파편 등을 방출하지 않도록 조치를 강구하여야 한다'고 정해져 있다. 또한 유엔우주공간평화이용위원회(COPUOS)에도 법적 구속력이 없는 가이드 라인이 제정되었다.

할 필요가 있고, 이에 따라 폐기에 대한 책임도 대두될 것이다. 이는 향후 구속력을 갖춘 법률로 발전할 것으로 생각된다. 또한 충돌 피해를 입은 기업에 보상을 해 주는 보험 상품도 등장할 것이다.

우주 쓰레기 제거를 의뢰하는 곳으로는 예를 들어 대형 위성을 보유하고 있는 정부나 기업을 생각할 수 있다. ①의 우주 쓰레기 제거 비즈니스에 참여한 기업이라면 소형 제거 위성 1기의 개발·제조비, 로켓 발사 비용, 운용비 등을 합해 수십억~수백억원이 들 것이다. 소형 제거 위성 1기로 한 개의 우주 쓰레기를 제거한다고 가정했을 때 이 수십억~수백억원을 지급하는 고객이 있다면 비즈니스는 성립한다.

우주 쓰레기 제거에 사용하는 소형 위성은 대량 생산을 통해 개발·제조 비용을 낮춘다. 제거 실적이 증가하면 운용 비용도 낮아지고, 소형 위성 1기로 여러 개의 우주 쓰레기를 제거할 수 있는 기술이 개발되면 비용 대비 효과가 향상된다. 이 미래가 실현되는 시기는 2030~2040년 이후로 예상되는데, 부디 안전하고 지속 가능한 우주이기를 기대한다.

우주 쓰레기 제거

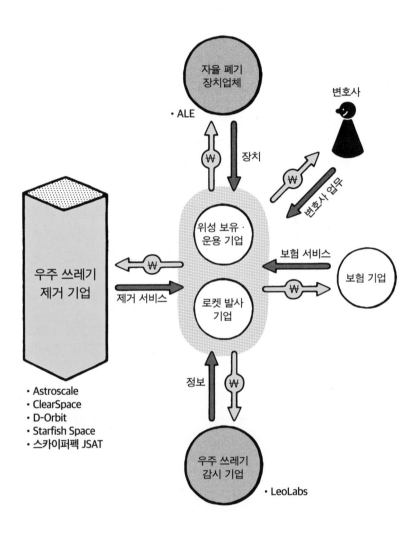

자율 폐기
장치업체

· ALE

변호사

₩ 장치

₩ 변호사 업무

위성 보유 ·
운용 기업

보험 서비스

보험 기업

₩

우주 쓰레기
제거 기업

₩ 제거 서비스

로켓 발사
기업

₩

· Astroscale
· ClearSpace
· D-Orbit
· Starfish Space
· 스카이퍼펙 JSAT

정보 ₩

우주 쓰레기
감시 기업

· LeoLabs

29 #폐기된 채소의 신소재 2030-2050
버려진 채소로 건물을 지을 수 있다

폐기된 채소로 콘크리트보다 높은 강도의 신소재나 발전 소재를 개발하는
데에 성공하고 있다. 내열, 내수 기술이나 다양한 형상을 만들 수 있는 기
술이 발전하면 앞으로 10~20년 안에 실용화될지도 모른다.

최신 기술

버려진 채소로 콘크리트보다 높은 강도의 재료를 만든다

정부 홍보 온라인에 따르면 일본에서는 연간 2,531만 톤의 식품
폐기물이 나온다고 한다. 이 중 먹을 수 있는데도 폐기되는 식품은
약 600만 톤이나 된다. 앞으로는 이런 폐기된 채소로 다양한 소재
를 만들 수 있는 시대가 도래할 것이다.

현재까지의 개발 상황에 대해 말하자면, **도쿄대학 생산기술연구
소의 사카이 유야**酒井雄也 부교수와 마치다 고타町田紘太 연구원은
완전한 식물 유래의 신소재를 개발했다.

양배추의 겉껍질 · 귤껍질 · 양파 껍질 등의 원재료를 분말로 만
든 후 동결 건조 상태로 만들고, 그 후 가열 압축하면 이와 같은 신

소재가 만들어진다.[1] 이 신소재는 콘크리트의 굴곡 강도(약 5MPa)의 네 배 이상인 18MPa를 달성한다. 목재에 사용되는 내수 처리도 가능하므로 다양한 용도를 기대할 수 있는 소재다.

영국의 **랭커스터대학**은 폐기된 채소로 만든 신소재를 사용해 콘크리트의 강도를 대폭 향상시키는 기술을 개발했다. 신소재를 콘크리트에 혼합하면 신소재 내 규산칼슘 수화물의 양이 증가하여 콘크리트의 균열을 막을 수 있는 구조다.

영국의 기업 Chip[s]Board는 감자 폐기물로 만든 목재나 플라스틱의 대용이 되는 소재 'Parblex'를 개발했다. 이 소재는 안경 등의 제조에 활용되고 있다.

필리핀 **마푸아대학**의 카비 에렌 메이그 씨[2]는 버려진 과일이나 채소로부터 자외선(UV)을 포착해 재생 가능 에너지로 변환하는 소재 'AuREUS'를 개발했다. 자외선을 흡수해 그것을 가시광선으로 변환하여 전기를 생성하는 것이다.

1　가열 압축의 온도나 압력은 원재료에 의존하는 듯하지만, 가열 중에 폐기 채소의 당류가 부드러워지고 압력에 의해 당류가 움직여 틈새를 메움으로써, 강도가 세어지는 것으로 생각된다.
2　카비 에렌 메이그 씨는 James Dyson Award 2020의 지속 가능성 어워드를 수상했다.

폐기 제로 사회를 실현, 인프라의 노후화 해결

버려진 채소로부터 만들어지는 소재는 아래와 같은 시장에 판매된다.

◻ 정부, 지자체, 종합 건설업체

일본의 경우, 교량·건물·도로 등 국가 및 공공단체가 관리하는 인프라 구조물이 노후화하고 있다. 구조물의 모니터링이나 개보수, 혹은 해체나 신규 건설이 필수임에도 불구하고 지자체의 재정은 궁핍한 실정이다. 버려진 채소로부터 다리나 건물 등에 사용할 수 있는 콘크리트 이상의 강도를 갖춘 소재가 이미 개발되어 있지만, 실용화되기까지는 좀 더 시간이 걸릴 듯하다. 신소재를 인프라나 공공시설 등에 사용하면 정부나 지자체의 재정에 분명 도움이 될 것이다.

◻ 에너지

필리핀의 마푸아대학은 버려진 채소로부터 만들어진 자외선을 흡수해 전기를 일으킬 수 있는 신소재 'AuREUS'를 개발했다. 필리핀에는 태풍 등으로 인한 자연재해가 많이 발생하는데, 이때 피해를 입은 농작물을 신소재의 원재료로 사용함으로써 많은 농가에 도움을 줄 수 있을 것이다. 또한 이 신소재는 버려진 채소의 색소를 착색해야 다양한 색을 만들어 낼 수 있다. 이것을 빌딩 창에 붙여 전기를 일으키면 경관을 아름답게 할 수 있는 이점도 있다.

다양한 표면 가공, 처리를 가하면 파워가 더욱 상승한다. 한편, 이 신소재를 폐기하더라도 미생물 등이 분해하여 흙으로 돌아가므로 친환경적이다. 버려진 채소는 대단해 보이지 않을지라도 그 자체로 엄청난 기술이다.

이 신소재가 보급되려면 도입 실적의 축적과 '당연하게 사용되는 재료'라는 사람들의 인식, 나아가 내열·내수성과 다양한 형상으로 제조할 수 있는 기술, 대량 생산, 저비용화 등이 필요하다. 보급까지는 현실적으로 향후 10~20년 정도의 세월이 걸리지 않을까.

폐기된 채소의 신소재

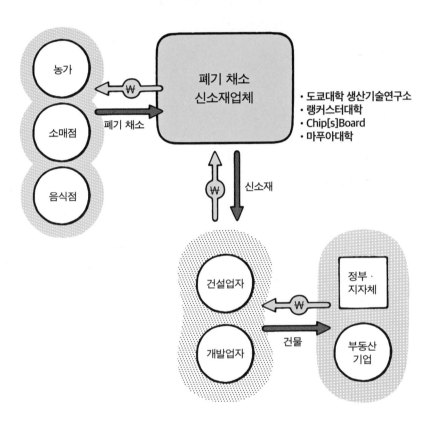

농가

소매점

음식점

폐기 채소
신소재업체

폐기 채소

• 도쿄대학 생산기술연구소
• 랭커스터대학
• Chip[s]Board
• 마푸아대학

신소재

건설업자

개발업자

건물

정부·
지자체

부동산
기업

30 #곤충 사이보그 2030-2040
곤충 사이보그로 정보를 수집한다

곤충 사이보그를 활용하면 사람이 가기 곤란한 장소나 상황에서도 정보를 수집할 수 있다. 곤충 사이보그가 수집해온 정보 덕분에 안심·안전한 미래가 실현될 것이다.

최신 기술

곤충의 행동을 마이크로컴퓨터로 조종한다

곤충 사이보그란, 곤충의 몸 혹은 몸의 일부와 마이크로컴퓨터의 전자 회로계를 접속해 행동을 제어하는 것이다. 마치 만화 속 인조인간처럼 살아 있는 곤충의 일부를 개조해서 살아 있는 상태에서 조종한다. 그런 모습을 이미지화해도 좋다. 곤충 사이보그의 이점은 소형인 데다 저가이므로, 대량 생산에 적합하다는 점을 들 수 있다.

현재 일본의 LESS TECH는 곤충 사이보그를 개발하고 있다. 미리 인풋된 알고리즘에 의해 곤충 사이보그는 자동으로 장애를 회피하거나 뛰어넘거나 하여 목적지까지 이동할 수 있다. 곤충 사이보그에는 미리 정해진 S자나 8자에 따라 이동하기, 어느 한정된 영역에 머무르기, 조이스틱[1]을 사용해 원격으로 조작할 수 있는 것 등이 인 풋되어 있다. 또한 약 10cm/s의 속도로 움직일 수 있다고 한다.

사람을 찾는 데에도 곤충 사이보그가 도움이 된다. 곤충 사이보 그에 적외선 카메라(IR 센서)를 탑재해 체온을 검출하는 방식인데, 검출한 체온이 사람의 것인지는 인공지능 AI를 통해 판단한다.

AI가 사람으로 인식한 경우, 알람이 울려 구출에 나설 수 있는 구 조다. 곤충 사이보그 카메라의 수색 범위는 반경 1.2m 정도로, 결코 넓다고는 할 수 없다. 예를 들어 1기의 곤충 사이보그로 5km²의 범 위를 수색하려면 242일이 걸린다. 그러나 반대로 생각하면 242기 의 곤충 사이보그를 투입할 경우 하루 안에 수색이 가능하다는 계산 이 나온다.

곤충 사이보그는 그 밖에도 미국의 Draper[3], 미국의 **캘리포니아 대학 버클리 캠퍼스** 등에서 연구, 개발되고 있다.

비즈니스 미래 지도

인명 구조 · 안전 보장에서 적극적 활용, 군사 시장에서는 조용히 도입

---

1   스틱을 움직여 방향을 조작하거나 제어하는 장치.
2   2016년에 발생한 구마모토 지진(진도 7.3)에서 실종자의 수색 범위는 5km²였다.
3   Draper는 잠자리의 신경계를 유전자 조작해서 빛의 펄스에 반응할 수 있도록 하는 방법을 개 발 중이라고 한다.

곤충 사이보그는 아래의 시장에 판매될 것으로 예상된다.

□ 군사, 정보기관

곤충 사이보그에 마이크로컴퓨터를 내장할 수 있게 되면 겉모습은 곤충과 전혀 다르지 않다. 정부의 국방기관이나 정보기관에 판매되어 범죄 방지를 위한 정보 입수나, 군사 부문에서는 적지 정찰 및 공격 등에 활용될 것이다. 따라서 스텔스성을 갖춘 최강의 군사 기술이 될지도 모른다.

□ 지자체

지자체에 곤충 사이보그를 판매함으로써 태풍, 지진, 해일 등으로 재해를 입은 지역에서 실종자를 수색하는 일 등에 활용된다. 또한 도로가 끊겨 출입할 수 없는 장소에서도 상세한 재해 상황을 파악할 수 있을 것이다.

□ 탐정·흥신소

곤충 사이보그를 사용해 불륜 조사, 사람 찾기, 신변 조사 등의 의뢰와 관련된 정보를 수집한다. 탐정이 직접 행하는 미행이나 잠복 등도 불필요해지므로, 업무 효율이 상승할 것이다.

□ 유실물의 수색

유실물 등의 수색 서비스를 사업화하는 예도 고려할 수 있다. 향후

IoT 센서나 GPS의 소형·경량화가 더욱 진행되고, GPS의 위치 정보의 정밀도도 향상될 것이다. 이러한 정보와 함께 곤충 사이보그를 사용하면 유실물 수색은 그리 어렵지 않은 일이 될 것이다.

□ 곤충이나 동식물의 생태 조사

곤충이나 동식물의 생태 조사에도 활용할 수 있을지 모른다. 대학이나 연구 기관에 곤충 사이보그를 판매하면 곤충이나 동물의 행동, 서식지, 먹이 등을 조사할 수 있다. 또한 사람이 들어가기 곤란한 장소에 대한 조사도 가능해질 것이다.

일반용 판매는 범죄의 온상이 될 위험성도 있기 때문에 진입 장벽이 높을 것으로 예상된다. 이에 따라 법 규제나 면허제를 정비하는 등 다양한 규제가 검토될 것이다.

2021년 기준 곤충 사이보그는 시험실 레벨에서의 실증 실험이 진행되고 있다. 향후 규모를 확대해 국가나 지자체의 공동 연구가 시작된다면, 2030년대 후반 무렵에는 위와 같은 시장에서 활용될 것으로 기대된다.

곤충 사이보그

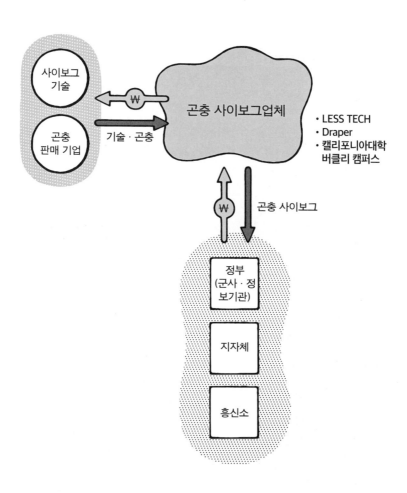

사이보그
기술

₩

곤충
판매 기업

기술 · 곤충

곤충 사이보그업체

• LESS TECH
• Draper
• 캘리포니아대학
  버클리 캠퍼스

₩

곤충 사이보그

정부
(군사 · 정
보기관)

지자체

흥신소

31 #인프라 사운드 쓰나미 센서 2030-2050
인프라 사운드 센서망으로
긴급 '쓰나미' 속보가 가능해진다

긴급 지진 속보를 전달하는 것과 마찬가지로, 2030~2040년 이후에는 쓰나미에 관한 정확한 정보가 일본 전국에 속보로 전달될 것이다.

최신 기술

사람에게는 들리지 않는 소리로 쓰나미의 도달을 예측한다

오늘날에도 '인프라 사운드'를 검출하면 쓰나미의 크기 등을 예측할 수 있는 기술이 존재한다. 동일본대지진을 일으켰던 거대한 쓰나미는 일본에 막대한 피해를 가져다주었다. 쓰나미의 도달을 사전에 좀 더 많은 사람에게 알릴 수 있었다면……. 이 기술을 떠올릴 때마다 그런 생각이 든다.

초저주파 음을 뜻하는 인프라 사운드는 사람에게는 들리지 않거나 혹은 잘 듣기 어려운 소리를 가리킨다. 재해를 일으키는 자연현상은 급격하고 거대한 변동이므로 인프라 사운드가 발생한다. 큰 물체일수록 물체의 압력 진동으로 인해 저주파 음이 더 발생하는데, 소리는 저주파일수록 먼 곳까지 전달되는 성질이 있다.

고치공과대학의 야마모토 마사유키山本真行 교수는 계측기·음향 기기 제조업체인 **사야**와 공동으로 **인프라 사운드 쓰나미 센서**를 개발했다. 이것은 쓰나미에 특화한 인프라 사운드 센서[1]로서는 세계 최초이다. 인프라 사운드 쓰나미 센서는 인공적인 소음이나 진동, 기상 현상에 의한 기압의 변동 등을 동시에 측정함으로써, 쓰나미의 인프라 사운드와 그 외 현상의 소리를 구별할 수 있다.

이 인프라 사운드 쓰나미 센서의 대단한 점은 인프라 사운드가 센서에 도달하는 순간에 그 파형을 토대로 해일 발생 시 해면 변동의 높이나 평균 에너지를 특정해 높은 정밀도로 '쓰나미 매그니튜드'를 산출할 수 있는 점이다.

이 인프라 사운드 쓰나미 센서를 전국 각지에 정비해 인프라 사운드 관측망을 구축하면, 긴급 지진 속보의 '쓰나미판'으로서 쓰나미 관련 정보를 국민에게 빠르게 전달할 수 있게 된다.

---

[1] 인프라 사운드 쓰나미 센서의 소형판은 로켓에도 탑재되었다. 목적은 공기가 적은 고층 대기 중에서 소리가 전달되는 방법을 계측하기 위해서다. 탑재된 로켓은 호리에 다카후미(堀江貴文) 씨가 출자하는 인터스텔라 테크놀로지의 MOMO 2호, 3호이다. MOMO 3호기가 고도 113.4km에 도달했을 때 인프라 사운드 센서에 의해 성층권 상부에서 열권 하부로의 데이터 취득에 성공했다.

비즈니스 미래 지도

긴급 지진 속보의 '쓰나미판'

인프라 사운드 쓰나미 센서에 의한 정보는 현재의 긴급 지진 속보와 같은 형태가 되어 간다.

긴급 지진 속보[2]는 지진 발생 직후 강한 진동이 각지에 도달하는 시각이나 진도를 예상해 가능한 한 빨리 사람들에게 알려 주는 정보이다. 텔레비전이나 스마트폰을 통해 긴급 지진 속보가 울리는 경험을 누구나 해 본 적이 있을 것이다.

이 긴급 지진 속보는 전국 각지에 정비되어 있는 지진계로부터 얻은 진원, 규모, 예상되는 진도 등에 관한 정보를 기상청에서 자동 계산해 텔레비전, 라디오, 스마트폰 등에 전달하고 있다. 이를 통해 강한 진동이 도달하기 전 자신의 몸을 지키거나 열차의 속도를 늦추는 등의 대응을 할 수 있다.

앞에서 언급한 야마모토 교수는 쓰나미의 인프라 사운드 관측망 구축에 애를 쓰고 있다. 2021년 기준으로 고치현 내의 연안부 부근에 15개 지점의 인프라 사운드 쓰나미 센서를 설치하고, 이 외에도

---

2 지진파에는 P파(Primary '최초의')와 S파(Secondary '두 번째의')가 있고, P파가 S파보다 빠르게 전달되는 성질이 있다. 한편, 강한 진동으로 인한 피해를 야기하는 것은 주로 나중에 전달되는 S파다. 이 지진파가 전달되는 속도의 차이를 이용해서 먼저 전달되는 P파를 감지한 단계에서 S파가 전달되기 전에 속보를 내고 있다.

홋카이도로부터 규슈까지 15개 지점에 같은 센서를 설치하여 범위를 확대하고 있다. 이로써 총 30개 지점에 센서가 정비되어 있다. 이들은 고치공과대학의 관측망이지만, 인프라 사운드 관측을 행하는 연구 기관과 대학이 참가하는 '인프라 사운드 관측 컨소시엄'이 발족함으로써 이러한 관측 지점을 합하면 일본 국내에만 약 100개 지점에 이른다고 한다.

긴급 지진 속보는 전국 690여 곳에 이르는 기상청의 지진계·진도계와 더불어 국립연구개발법인 방재과학기술연구소의 지진 관측망(약 1,000곳) 등 총 1,690곳의 지진계를 이용하고 있다.

쓰나미의 인프라 사운드 관측망이 긴급 지진 속보와 같은 규모(쓰나미에 관한 계측이므로, 지진만큼의 규모는 불필요하다고 생각하지만)로 정비되는 시기는, 예산도 고려해야겠지만, 대략 2030~2040년쯤이 되리라 보는 것이 타당하다. 대규모 인프라가 될 것이므로 당연히 기상청 등 국가 기관이 관할할 것으로 예상한다. 물론 연구 기관과의 제휴도 있을 것이며, 긴급 지진 속보와는 다른 경보음도 만들어질 것이다.

일본은 세계에서 손꼽을 정도의 지진 다발 지대다. 향후 큰 지진이 발생해 또다시 쓰나미 피해를 입을 수도 있다. 그때 이 인프라 사운드 쓰나미 센서가 일본의 인명과 재산, 나아가 세계를 지켜 주는 중요한 인프라가 되리라 기대한다.

인프라 사운드 쓰나미 센서

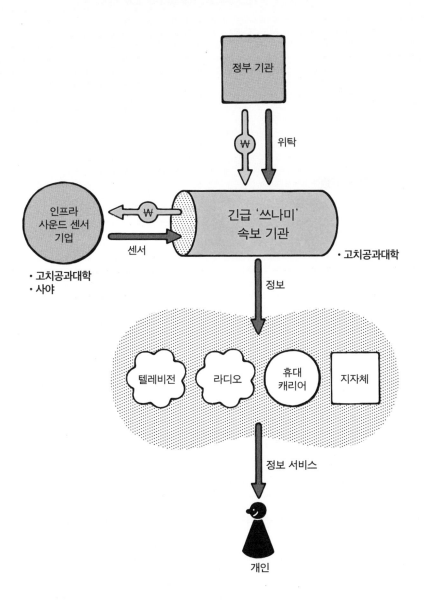

우주에서 위성으로 광고를 표시한다

광고는 지면, 포스터, 간판, TV, 인터넷 등에서 매일 볼 수 있다. 2030~2040년 이후에는 우주를 나는 위성에 의해 밤하늘에 광고가 크게 표시될 것이다.

최신 기술

우주의 위성이 지구의 밤하늘에 광고를 표시한다

소형 인공위성을 사용해 밤하늘에 광고를 표시할 수 있는 기술이 있다. 다수의 소형 위성을 우주에 쏘아 올린 다음 위성에 설치한 돛에 밝게 하는(태양광을 반사시키는) 부분과 그렇지 않은 부분을 만들어 문자 등의 형태를 만들어 낸다.

위성의 자세를 90도 회전시켜 반사 유무를 조정하는데, 여기에는 지구를 회전하는 위성군의 자세나 궤도를 제어해 규칙적으로 배열시키는 기술이 필요하다. 이를 통해 표시되는 광고는 문자뿐만 아니라 복잡한 이미지도 가능하다.

앞서 언급한 것처럼 광고가 깔끔하게 표시되려면 개개의 위성이나 위성의 집합체가 흐트러지지 않도록 자세와 궤도를 정확히 제어하고 유지하는 것이 핵심이다.

러시아의 우주 벤처 기업 'StartRocket'은 우주 공간에 소형 위성을 수십 기에서 100기 정도 쏘아 올려 위성에 설치한 돛을 펼침으로써, 문자나 문장을 하늘에 띄워 표시하는 'The Orbital Display'라는 서비스를 구상, 준비하고 있다.

StartRocket은 대형 로켓에 여러 개의 소형 위성을 탑재해 단번에 쏘아 올려 우주 공간으로 아름답게 방출하는 이미지 동영상도 공개하고 있으며, 위성군을 형성하는 모습도 구체화하고 있다.

비즈니스 미래 지도

글로벌 버전의 애드벌룬 비즈니스와 불꽃 비즈니스를 토대로 예측

위성 광고 비즈니스는 애드벌룬[1] 비즈니스와 유사성이 있다. 간판이나 TV의 CM은 그 화면을 보는 사람을 대상으로 하는 광고로서, 1분 정도의 영상에 유명인이나 캐릭터 등을 기용한다.

한편, 애드벌룬은 주로 글자나 이미지만을 표시해 옥외에 있는 사람을 대상으로 광고한다. 위성 광고도 애드벌룬과 마찬가지로 기

---

1 젊은 사람들은 애드벌룬을 실제로 본 적이 없을지도 모른다. 지방의 슈퍼나 백화점에서는 빌딩 옥상에 큰 풍선을 띄운 뒤 거기에 현수막을 걸어 광고하는 경우가 종종 있다. 이는 '거리'를 대상으로 한 광고라 할 수 있다.

업의 의뢰를 받아 글자나 이미지만 밤하늘에 표시하며, 옥외에 있는 사람을 대상으로 한다. 위성의 수에 따라 다르겠지만 하루에 대략 3~4개의 기업 광고를 전달할 수 있다. 또한 광고는 아니지만, 국가나 지자체가 많은 사람에게 긴급 사태·재해 발생과 관련한 경고를 전달하는 데도 사용할 수 있다. 한편, 실종자나 지명 수배자를 알리는 역할도 가능하다.

그리고 또 하나는 불꽃 비즈니스와 유사한 비즈니스 모델이다. 앞서 광고에 대해 설명했지만, 이 기술은 불꽃처럼 엔터테인먼트적으로도 사용할 수 있다. 글자나 이미지가 밤하늘에 떠오르면 그 아름다운 광경이 분명 사람들의 시선을 사로잡을 것이다. 예를 들어, 프로야구 구장의 밤하늘에 '홈런' 등의 글자를 표시하거나 테마파크에서 캐릭터 이미지를 표시할 수도 있다.

또한 밤하늘의 글자나 이미지로 로맨틱한 장면을 연출할 수도 있을지 모른다. 예를 들면 서프라이즈 프러포즈로, 상대방의 이름이나 프러포즈를 위한 메시지를 표시하는 것이다.

거듭 말하지만, 글자나 이미지를 깔끔하게 표시하려면 위성의 궤도 제어, 자세 제어를 높은 정밀도로 제어할 수 있는 기술이 필요하다. 그러나 2021년을 기준으로 소형 위성용 자세 제어나 궤도 제어용 센서 기기 등의 개발은 아직 초기 단계.

또한 빛 공해 문제[2]도 해결되어야 한다. 이 문제들이 전부 해결되기까지는 10~20년 정도의 세월이 걸릴 것으로 생각된다.

위성 광고는 초기나 과도기에는 주로 기업용 광고로 이용되지만, 최종적으로는 일반인도 이용하기에 무리가 없는 가격대가 될 것이다. 그러려면 광고용 위성이 대량 생산되고, 위성의 운용 실적과 기술 노하우 등이 축적되어야 한다. 또한 다양한 종류의 글자나 이미지를 표시하는 노하우를 축적함으로써, 10년부터 20년 정도에 걸쳐 운용 비용도 점차 하락할 것이다.

어쨌거나 위성 광고 비즈니스가 일반화되는 시기는 2030~2040년 이후일 것으로 생각된다.

2   밤하늘에 광고를 표시하면 지상에서 천체를 관측하는 데에 영향을 미치게 되므로, 이를 우려하는 천문학자가 많다. 따라서 위성을 흑색화하거나 태양광이 반사하지 않는 구형체로 제작하는 등의 대처가 검토되고 있다.

위성 광고

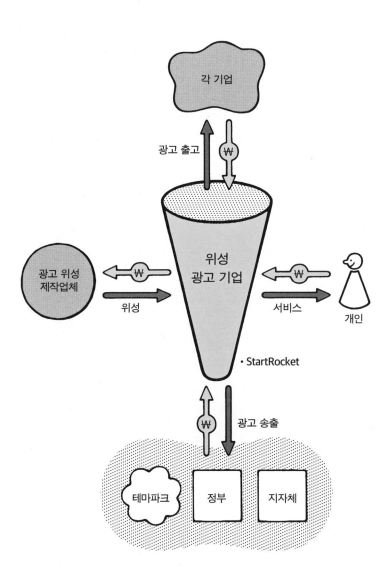

TDI로 원하는 꿈을 꾼다

꿈을 완전하게 제어함으로써 자신이 원하는 꿈을 꾸려면 앞으로 10~20년 정도의 시간이 걸릴 것이다. 이 기술은 헬스 케어, 트레이닝, 엔터테인먼트 등의 시장에 투입되어 저가화가 진행되면 일반인에게까지 보급될 것이다.

최신 기술

원하는 꿈을 TDI로 제어한다

사람은 현재 자신이 원하는 꿈을 꿀 수 없고, 또 꿈을 제어할 수도 없다.[1] 그러나 **MIT Media Lab**은 원하는 꿈을 꿀 수 있는 기술 '**TDI**(Targeted Dream Incubation)'를 개발했다. 실로 만화 도라에몽의 도구 '꿈꾸는 사람(ユ_メ_人)'과 같은 기술이다.

TDI에서는 손목이나 손가락에 장착하는 웨어러블 디바이스 '**Dormio**'와 앱을 사용해 사용자가 원하는 꿈을 꾸도록 유도한다.

---

1   렘수면(REM sleep)은 잠이 얕고, 비렘수면(non-REM sleep)은 잠이 깊은 상태. 렘수면과 비렘수면은 한 사이클이 평균 약 90분으로 번갈아 나타난다. 즉, 수면 시간이 6~8시간일 경우 약 4~5회의 렘수면과 비렘수면이 나타나는 것이다. 잠에서 깬 뒤에 기억하는 꿈은 보통 깨기 직전의 렘수면 시에 꾼 꿈이 많다고 한다.

입면 시에 꿈에 관한 정보를 반복 송신하면 특정한 주제의 꿈을 꿀 수 있도록 유도한다고 한다. Dormio에 내장된 IoT 센서로 심박 수나 손가락의 위치 등을 모니터하면 수면 패턴을 파악할 수 있다.

MIT Media Lab에 따르면 Hypnagogia(선잠 상태), 즉 수면이 시작될 무렵 의식이 절반 정도 뚜렷한 상태에서 원하는 꿈의 정보를 자는 사람(사용자)에게 집어넣음으로써, 그 정보를 사용자가 꾸는 꿈에 스며들게 할 수 있다고 설명한다.

2021년 기준으로, '나무에 관한 꿈'을 꾸도록 유도하는 실험의 성과가 보고된 바 있다. Dormio로 피험자의 심박 수나 피부 표면의 전기적인 변화, 릴렉스 상태를 측정하여 피험자가 수면에 들어 Hypnagogia 상태임을 확인한다. 그런 다음 피험자에게 '나무에 관한 생각을 잊지 마세요'나 '당신의 생각을 관찰한다는 사실을 잊지 마세요' 등의 음성을 앱으로 재생했는데, 그 결과 피험자의 67%가 나무에 관한 꿈을 꾸었다고 한다.

■ 비즈니스 미래 지도

멘탈 헬스 케어, 트레이닝, 엔터테인먼트에 꿈 비즈니스 도입

원하는 꿈을 꿀 수 있는 기술을 사용하는 것으로 정신 건강 관리나 트레이닝, 엔터테인먼트 등의 분야에서 새로운 비즈니스가 창출될 것이다.

□ 정신 건강 관리

사람이 꿈을 꾸는 효과로는 다음과 같은 것을 들 수 있다고 한다.

- 마음을 치유한다
- 스트레스가 되는 감정이나 자신감 상실로 이어지는 감정을 처리한다
- 부정적인 감정을 엷게 한다
- 흩어진 기억을 정리한다
- 필요한 사건을 장기 기억으로 옮긴다
- 트라우마가 될 것 같은 기억을 흐리게 한다 등

원하는 꿈을 꿀 수 있다면 이러한 효과를 더욱 높일 수도 있다. 수면의 질을 높이거나 피로 회복, 정신 질환 등의 치료에도 활용할 수 있다. 또한 감정의 제어, 기억력의 향상 등에도 도움이 될 것이다.

□ 트레이닝

실수가 용납되지 않을 만큼 중요한 프레젠테이션이나 스포츠 대회, 올림픽 등의 분위기를 꿈으로 미리 체험할 수 있게 된다. 실제의 긴장감이나 분위기를 재현한 상황(꿈)으로 이미지 트레이닝을 할 수 있다면 실전의 성공으로 연결될 것이다.

■ 엔터테인먼트

현실에서 불가능한 일이나 자신의 능력으로는 할 수 없는 일이라도 꿈에서는 보고 체험할 수 있다. 예를 들어 유명인과 함께 시간을 보낸다거나, 우주를 날아다니거나, 물속에서 생활하거나, 덩크 슛을 넣거나 하는 등 말이다. 이처럼 꿈속에서 소원을 실현하는 엔터테인먼트 비즈니스가 성립할 것이다.

2021년을 기준으로 '나무에 관한 꿈'에 대한 연구는 실현되었다. 모든 꿈을 완전하게 제어할 때까지 어느 정도의 시간이 걸릴지는 알 수 없지만 10~20년 정도는 걸리지 않을까 예상해 본다.

우선은 B to B용 시장에 투입되고, 그 후 저가화가 진행되어 일반인에게도 보급될 것이다.

원하는 꿈을 꾸는 장치

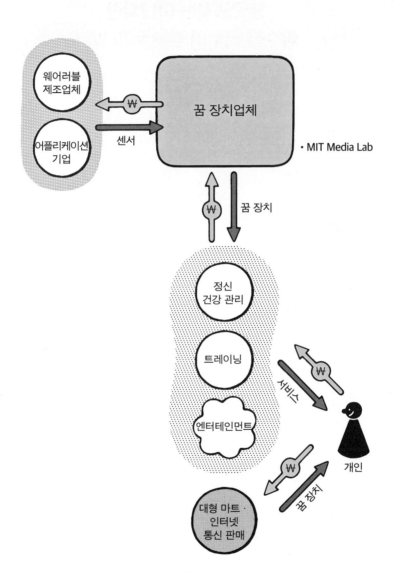

불로불사는 아니지만 장수를 이루어 주는 약이 있다

먼저 특정 질환을 치료해 주는 약이 만들어지고, 이후 모든 질환에 대한 약이 개발되어 노화의 예방·지연이 가능해지면서 인간이 장수를 누릴 수 있는 미래가 머지않아 올 것이다.

최신 기술

노화를 예방하거나 늦추는 약이 있다

다양한 질환을 낫게 해 주거나 노화를 예방·지연할 수 있는 '불로불사의 약'과 같은 치료약에 대한 연구가 진행되고 있다. 불로불사의 약이라 하면 마치 나이를 들지 않게 하는 마법과 같은 만능 약을 떠올리겠지만, 그것과는 조금 다르다. 현재 불로불사에 관한 연구 개발은 (접근 방식이 다양하지만) 노인성 질환이나 병을 없앤다는 시점에서 진행되고 있다.

2021년 기준으로 생쥐 실험을 통해 노화 방지를 기대할 수 있는 다양한 연구 성과가 보고된 바 있다. 예를 들면 **도쿄대학 의과학연구소의 나카니시 마코도**中西真 교수 등은 고령의 생쥐에 '노화세포'

만을 사멸시키는 약제를 투여함으로써, 나이가 듦에 따라 수반되는 몸의 쇠약이나 생활 습관 병 등을 개선했다.

하버드대학의 데이비드 A 싱클레어David A. Sinclair 교수는 iPS 세포를 이용해 나이 든 생쥐의 시력을 회복시키는 데 성공했다.

PayPal의 창업자인 피터 틸Peter Thiel과 Amazon 창업자인 제프 베이조스Jeff Bezos가 투자하고 있는 미국 **Unity Biotechnology**는 노인성 질환을 늦추거나, 멈추거나, 원래로 되돌림으로써 건강 수명을 늘리는 치료법을 개발하고 있다. 또한 노화세포를 선택적으로 배제하고 그에 따라 퇴행성관절증, 안질환, 폐질환 등의 노인성 질환을 치료하는 '노화세포 제거약'을 만들고 있다. 예를 들면 **UBX1325** 라는 약은 노화세포 속에서 일하는 자살 억제 단백질의 활동을 방해한다.

미국 **BioAge**는 근육과 면역의 노화에 대한 약을 개발하고 있다. 그 밖에도 Google에서 출발한, 즉 Alphabet(알파벳) 산하의 미국 **Calico**에서도 노화나 노인성 질환의 연구, 자연 살해세포를 사용한 암 세포에 대한 연구를 하고 있다.

하버드대학에서는 **NMN**(니코틴아미드 모노뉴클레오티드)이라는 약을 개발했는데, NMN을 복용하면 NMN이 NAD(니코틴아미드 아데닌 디뉴클레오티드)라는 보조 효소로 변환되어 시르투인[1]의 기능이

---

1   노화나 수명을 제어 하는 효소. 그 유전자는 장수 유전자(sirtuin)로 불리며 포유류에는 SIRT 1 부터 SIRT 7까지 일곱 종류의 장수 유전자가 있다. 그중에서도 중요한 것이 SIRT 1이며, 당이나 지방의 대사를 원활히 하거나 기억과 행동을 제어하는 등 노화나 수명의 제어에 중요한 역

활성화해 150세까지 수명이 늘어날 수도 있다고 한다.

현재 영양제나 미용 클리닉에서 NMN 링거액 등이 발매되고 있으며, NMN 100mg의 성분이 수만엔 정도에 제공되고 있다. 하지만 미래에는 커피 한 잔 정도의 가격으로 하락할 것이라고 한다.

워싱턴대학의 이마이 신이치로今井眞一郎 교수나 **오사카대학** 라쿠기 히로미樂木宏実 등이 NMN의 연구, 개발에 애쓰고 있다.

비즈니스 미래 지도

불로불사의 약은 너무 비싸서 구하기 어렵다?!

위에서 소개한 신약 벤처는 향후 10~30년이 넘는 세월에 걸쳐 약을 개발하고, 의료품 승인을 받아 의료 시장에 판매할 것으로 보인다. 불로불사나 안티에이징은 인류의 영원한 욕구 중 하나이므로, 엄청난 규모의 시장이 될 것으로 생각한다.

만약 불로불사의 약이 개발된다면 암이나 심장병, 알츠하이머병 등의 질환이 사라지면서 초장수 사회가 도래할 것이다. 전문가들 사이에서도 다양한 견해가 있지만, 2021년 기준으로 불로불사는 거의 실현이 불가능하거나 혹은 아주 먼 미래의 일로 생각되는 것이 사실이다. 다만, 노화를 지연시키는 기술은 머지않은 듯하다. 그러나

할을 한다고 한다.

부작용 문제나 노화 및 질병의 원리가 완전히 해명되지 않은 부분이 존재하므로, 찬반이 엇갈리고 있다.

불로불사의 약은 수요가 높아 다른 약과의 캐니벌리제이션(cannibalization)[2]도 예상된다. 인간이 원하는 최고의 약이므로 당연히 고가에 판매될 것이고, 그 후에도 가격은 하락하지 않을 것이다.

제네릭 의약품과 같은 후발 제품이 개발될 가능성도 있지만, 어쨌거나 이 또한 고가일 것이므로 부유층만이 장수를 누릴 수 있을지도 모른다.

2021년 기준 연구 개발의 진척이나 계획을 감안하면 앞으로 10~30년 정도의 세월이 지난 후에야 노화 등으로 인해 발병하는 특정 질환에 대한 약이 완성되지 않을까 싶다. 그리고 나아가 10~30년의 세월에 걸쳐 모든 질환 및 노화에 대한 약이 개발되어 인간이 노화하지 않는 (혹은 노화를 지연시키는) 초장수 사회가 실현될지도 모른다.

---

2 자사의 상품이 자사의 다른 상품을 잠식하는 현상을 말한다.

불로불사의 약

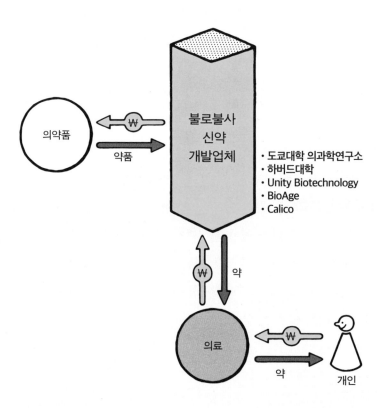

저렴한 가격에 친환경적인 새로운 암모니아 생성 방법이 있다

인류에게 반드시 필요한 '암모니아'를 생성하는 방법이 달라지고 있다. 앞으로는 비지나 세균 등을 활용한 친환경적인 생성법이 일반적인 방법으로 대규모 상용화되는 미래가 올 것이다.

최신 기술

식품 폐기물 '비지'에서 암모니아를 생성

'암모니아'라고 하면 먼저 냄새를 상상하는 사람이 많을 것이다. 그러나 사실 암모니아는 음식물을 만드는 데 반드시 필요한 화학 합성품이다.

비료의 원료로도 중요하게 사용되는 암모니아는 인류의 발전을 지탱해 왔다. 또한 암모니아는 나일론이나 레이온 등 합성섬유의 제조에도 사용된다. 전 세계 암모니아 생산량의 약 80%가 비료 제조에 사용되며, 약 20%가 공업용으로 쓰인다. 암모니아가 인류를 지탱하고 있다 해도 과언이 아닌 것이다. 게다가 암모니아는 연소해도 물과 질소만 배출하기 때문에 친환경적이다.

암모니아의 생성 방법으로는 하버 보슈(Haber – Bosch)법', 즉 수소와 질소를 화학 반응시키는 방법이 예전부터 '사용되어 오고 있다. 그러나 최근 이를 대신하는 친환경적인 암모니아 생성 방법이 새롭게 개발되고 있다.

교토대학의 우에다 미쓰요시植田充美 교수 등은 식품 가공 폐기물인 '비지' 등에서 암모니아를 대량 생산할 수 있는 플랫폼을 구축하는 데 성공했다. 대두 찌꺼기인 비지는 세계에서 가장 많이 폐기되고 있는 식품 가공물이라고 한다. 비지는 가축의 사료로서 사용되기도 하지만, 토양에 매립하면 미생물에 의해 CO_2가 발생해 환경에도 좋지 않다. 그런 비지로 유용한 암모니아를 대량 생성할 수 있다고 하니 매우 훌륭한 기술이라고 할 수 있다.

미국의 **Pivot Bio**라는 기업은 40여 종의 미생물을 옥수수의 뿌리에 직접 붙인 다음, 공기로부터 질소를 토양에 흡수시켜 암모니아를 생성하는 데 성공했다. 미생물에 의해 생성된 암모니아는 토양 안에서 비료를 만들어 내는 데 도움이 된다. 이 미생물은 'Pivot Bio Proven 40'으로 명명되었다. 공장에서 만들어진 일반적인 화학 비료는 호우 시 떠내려가 버리는 문제가 있지만, 이 암모니아를 생성하는 미생물은 식물에 붙어 강한 빗물에도 씻겨 내려가지 않는다는 이점이 있다.

또한 태양광발전으로 얻은 전력을 사용해 물을 전기 분해하여

얻은 수소와 공기 중의 질소로 암모니아를 합성할 수도 있다.[1]

쓰바메 BHB에서는 라오스의 잉여 수력발전을 활용해 암모니아를 합성하고 현지 광산의 인이나 칼륨을 사용해 등으로 비료를 생산하고 있다.

비즈니스 미래 지도

암모니아는 발전의 연료가 된다

암모니아는 앞으로 비료의 원료나 식품, 의류의 원료 외에도 다음과 같은 시장에 판매될 것이다.

☐ 발전

암모니아 제조 사업자는 발전 연료로서 암모니아를 발전 사업자에게 판매할 것이다. **산업기술종합연구소** 등은 암모니아를 직접 연소할 수 있는 마이크로 가스 터빈 발전을 개발하고 있다.

☐ 선박, 항공기

암모니아를 직접 연료로 사용하는 배나 항공기용 엔진도 개발되고

---

1   산업기술종합연구소 후쿠시마재생가능에너지연구소와 벤처 기업 쓰바베 BHB, 미국 Starfire Energy 등이 이와 같은 방법으로 암모니아 합성에 착수해 하버 보슈법의 과제를 해결함으로써 사업화를 목표로 하고 있다.

있다. 예를 들어 영국의 우주 벤처 기업 Reaction Engines는 하이브리드 엔진 SABRE를 탑재한 차세대 수송기에 암모니아를 연료로 이용할 계획이다.

□ 연료 전지

암모니아 연료 전지는 **교토대학** 등에서 연구되고 있다. 전해질 지르코니아(zirconia)의 한쪽 면에 부착한 연료 극에 발전 연료가 되는 암모니아 가스를 직접 공급하고, 반대쪽 면인 공기 극에는 공기를 공급하여 양극 간에 전력을 발생시키는 원리다.

하버 보슈법이 발명된 이후로 수백 년 동안 암모니아 생성 방법에는 큰 진전이 없었다. 하버 보슈법은 고가의 대형 설비가 필요하고, 생산 거점에서 수요지까지의 수송이나 보관이 필요하기 때문에 많은 비용이 든다. 그러나 새로운 암모니아 생성 방법의 경우에는 대폭적인 비용 절감이 예상된다.

이와 같은 새로운 방법이 공업 생산 가능한 규모로 발전하려면 10~20년 정도의 세월이 걸릴 것이다.

암모니아 생성

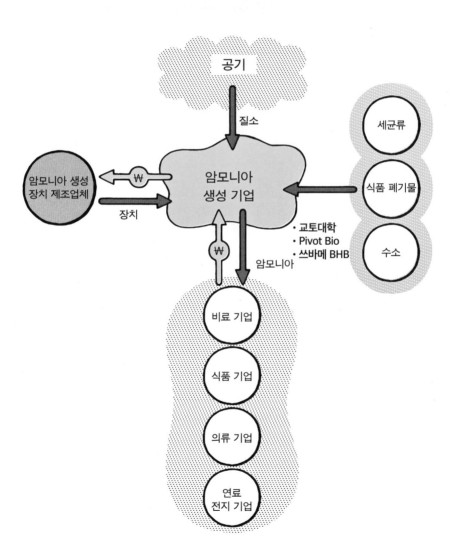

#자가 회복 재료 2030-2050

자가 회복 재료로
물건이 알아서 수리된다

2021년 기준으로 자가 회복 재료는 연구 중인 것이나 이미 제품화된 것 등 다양한 국면에 있지만, 서서히 시장에 침투하여 전부는 아니더라도 다양한 자가 회복 재료가 개발, 제품화되는 미래가 올 것으로 예상된다.

최신 기술

금속, 세라믹, 콘크리트, 유리, 폴리머도 자가 회복

자가 회복 재료는 자가 치유 재료라고도 불리며, 영어로는 'Self-Healing Material'이다. 스마트 재료로 분류되는 자가 회복 재료는 흠집이 생겨도 재료가 자발적으로 흠집을 회복하는 꿈의 재료다.

열화가 잘 진행되지 않고, 수명이 길며, 유지 보수도 불필요하다. 작은 흠집이 생겨도 시간이 흐르면 사라져 버린다.

자가 회복 재료에는 크게 금속, 세라믹, 콘크리트, 유리, 폴리머의 다섯 가지가 있다.

금속은 아직 연구 단계에 있다.

와세다대학의 이와세 에이지岩瀬英治 교수는 금속 나노 입자의 전계 트랩을 이용해서 배선 위에 균열이 생겼을 경우 전압을 가하면 금속 나노 입자의 전해 트랩의 원리를 사용해 균열을 자가 회복하는 금속 배선을 실현했다.

한편 **물질·재료연구기구**(NIMS)와 **요코하마국립대학** 등은 자가 회복하는 세라믹을 개발했는데, 이 세라믹을 1,000도로 가열하면 단 1분 만에 회복한다고 한다.

네덜란드 **델프트공과대학**의 연구팀은 물과 산소로 활성화시킨 박테리아로 탄산칼슘을 생성해 콘크리트의 균열을 자가 회복시키는 기술을 개발하여 이미 제품화한 것으로 알려져 있다.

도쿄대학 아이다 다쿠조相田卓三 교수 등은 세계 최초로 자가 회복 기능을 보유한 유리를 개발했다. 이 유리는 폴리에테르-티오요소라는 고분자 재료로 이루어져 있다. 유리를 깨뜨린 후에 실온에서 몇 시간 압착하면 기계적 강도가 깨뜨리기 전과 같은 값으로까지 회복된다고 하는데, 아직 제품화되어 있지는 않다.

폴리머 분야에서는 **이화학연구소**가 건조한 공기 중에서 뿐만 아니라 물과 산, 알칼리성 수용액 중의 환경에서도 자가 회복하는 재료를 개발했다.

또한 **도레이**는 '터프톱®'이라는 자가 회복 코팅 필름을 이미 제품화했으며, **유시로화학공업**은 자가 회복성 폴리머 겔 '**위저드 엘라스토머**'[1]를 제품화했다.

---

1   엘라스토머는 탄성을 가진 고분자를 두루 일컫는 말로, 고무 등이 이에 해당한다.

인프라나 주택, 우주에서도 활약

모든 재료가 대상이 된다고는 단언할 수 없지만, 다양한 재료가 자가 회복 재료로서 개발되어 제품화될 수도 있다. 자가 회복 재료를 활용할 수 있는 시장 및 상황은 무한대다.

□ 인프라

인프라의 유지 관리에 활용될 것이다. 도로, 다리, 상하수도관, 도시 가스관에 어떤 결함이 발생한 경우 자가 회복되므로, 유지 관리비가 절감된다. 그 밖에도 화력발전소, 원자력발전소 등 발전 플랜트의 재료 품질 유지나, 송전 시 금속 전선의 복구 등을 예로 들 수 있다. 또한 공공시설이나 빌딩의 벽, 유리 등도 대상이 된다.

□ 주택, 생활

일상생활에서도 주택의 벽이나 유리, 주방, 버스, 화장실 등의 유지에 활용할 수 있다. 또한 자동차 · 오토바이 · 자전거의 보디(body) · 유리 · 타이어 등에도 사용될 것이다.

□ 우주

NASA는 우주 공간에서 로켓이나 인공위성 등에 우주 쓰레기가 충돌하여 재료를 관통하더라도 재료 내부로부터 액상 물질이 나와 구멍을 메워 1초 만에 복구되는 자가 회복 재료를 개발하고 있다. 로켓이나 인공위성 외에도 미래 우주 호텔, 우주 인공 기지, 달 표면 기지 등의 거주 공간에서 벽이나 유리, 물 배관 등 다양한 장소에서 활용될 것을 기대할 수 있다.

2021년 기준으로 자가 회복 재료는 연구 단계인 것부터 제품화된 것에 이르기까지 다양하다. 세상의 모든 재료가 대상이 되지는 않겠지만, 많은 자가 회복 재료가 개발되고 제품화되면서 서서히 시장에 침투할 것으로 예상된다.

자가 회복 기능을 통해 안전성, 신뢰성이 향상하는 동시에, 유지 보수 비용도 낮출 수 있다.

자가 회복 재료

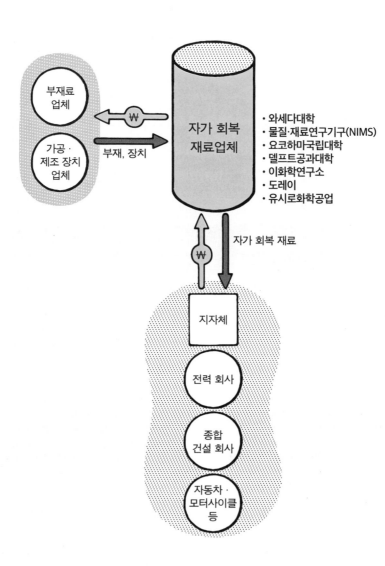

부재료
업체

가공 ·
제조 장치
업체

₩

부재, 장치

자가 회복
재료업체

- 와세다대학
- 물질·재료연구기구(NIMS)
- 요코하마국립대학
- 델프트공과대학
- 이화학연구소
- 도레이
- 유시로화학공업

₩

자가 회복 재료

지자체

전력 회사

종합
건설 회사

자동차 ·
모터사이클
등

브레인 컴퓨터 인터페이스가
대화를 바꾼다

브레인 컴퓨터 인터페이스(BCI)를 장착하면 질병 등으로 인하여 대화가 어려운 사람도 의사소통이 가능해진다.

최신 기술

센서로 뇌파를 잡아 문자로 바꾼다

브레인 컴퓨터 인터페이스(이하 BCI)[1]는 미래의 커뮤니케이션을 크게 바꿀 것이다.

BCI라는 장치를 부착하면 뇌파나 뉴런(뇌신경 세포의 신호)을 포착할 수 있으므로, 키보드 입력이나 음성 입력을 하지 않아도 머릿속으로 생각한 것을 문자로 표시하거나 원격 조작할 수 있다. BCI에는 뇌에 내장하는 타입과 장착하는 타입이 있다.

SpaceX의 일론 머스크가 창업한 **Neuralink**에서는 BCI를 개발

---

1 Report Ocean에 따르면 전 세계 BCI 시장의 규모는 2019년에 13.6억 달러였다. 2027년까지는 38.5억 달러에 이를 것이며, 2020년부터 2027년에 걸쳐 14.3%의 CAGR(연평균 성장률)로 성장할 것으로 예측하고 있다.

하고 있다. 이 BCI는 뇌 속에 내장하는 타입으로 관성 계측 센서, 압력 센서, 온도 센서, 하루 동안 지속 가능한 배터리도 갖춰져 있다.

이 BCI는 뇌의 신경 신호를 증폭시켜 잡아 BCI에 내장된 아날로그/디지털 변환기로 디지털화한다. 디지털화한 정보는 문자나 비주얼 등으로 표현할 수 있다. 이를 실제로 인간에게 내장하려면 규제 당국으로부터 임상시험을 위한 승인을 받아야 하는데, 레이저로 두개골에 작은 구멍을 뚫어 전극을 삽입할 수도 있다고 한다. 현재 전용 수술 로봇도 개발되어 있다.

비즈니스 미래 지도

커뮤니케이션에 혁명을 일으킬 BCI

BCI를 개발하는 기업은 다음의 시장에서 활약할 것이다.

□ 의료, 간호

BCI는 의료 분야에서 뇌성마비나 근위축성 측색 경화증(ALS) 등을 앓는 사람들과의 커뮤니케이션 툴로서 이용된다. 간호 분야에서는 신체가 자유롭지 못한 사람의 의사를 읽어 내는 케어 플랜이 생긴다. 실제로 Meta(구 Facebook)와 UCSF(캘리포니아대학 샌프란시스코 캠퍼스)도 Speech Neuroprosthesis라는 BCI를 개발하고 있다.

□ 자동차

BCI를 개발하는 기업은 자동차업체와도 연계하고 있다. **메르세데스 벤츠**는 Meta의 BCI를 사용해 뇌파로 운전할 수 있는 자동차인 **'VISION AVTR'**를 개발하고 있다. 사용자는 BCI를 머리에 부착한 뒤 뇌파를 측정, 해석받는다. 이를 통해 본인의 생각으로 목적지 선택이나 차내 조명의ON/OFF, 라디오 주파수 선택 등 사용자 인터페이스를 제어할 수 있다. 또한 뇌파로 자동차를 운전할 수 있게 될 것이라고도 한다.

□ 가전

BCI를 장착하면 에어컨 등의 ON/OFF는 물론이고, 온도 설정 등 다양한 조작이 원격으로 가능해질 것이다.

□ 기업

비즈니스에서는 대화가 꺼려지는 상황에서의 '무음 회의'도 가능해질 것이라고 한다. 스마트폰이나 온라인 회의에서도 무음 회의가 가능해질 수도 있다. 또한 혼자서 여러 가지 일을 실시간으로 수행할 수 있는 '인공두뇌 아바타'라는 세계도 실현될 수 있다.

□ 엔터테인먼트

엔터테인먼트 분야에서는 사용자의 생각을 실시간으로 반영한 XR(크로스 리얼리티) 게임을 생각할 수 있다.

2021년을 기준으로 뇌파로부터 말이나 상상을 고속으로 처리하여 가시화할 수 있는 기술 등이 개발되고 있다. 그러나 향후 이 기술이 보급되기까지는 적어도 10~20년 정도의 세월이 걸릴 듯하다.

그와 동시에 스마트 디바이스(스마트폰나 스카우터, 웨어러블 디바이스 등)나 자동차, 포크리프트(forklift) 등의 기계와도 연계되어 정보가 더욱 고도화될 전망이다.

또한 두개골에 구멍을 뚫어 BCI를 내장하는 수술 로봇도 개발 중에 있지만, 안전성이 확인될 때까지는 어느 정도 세월이 걸릴 것으로 예상된다.

BCI

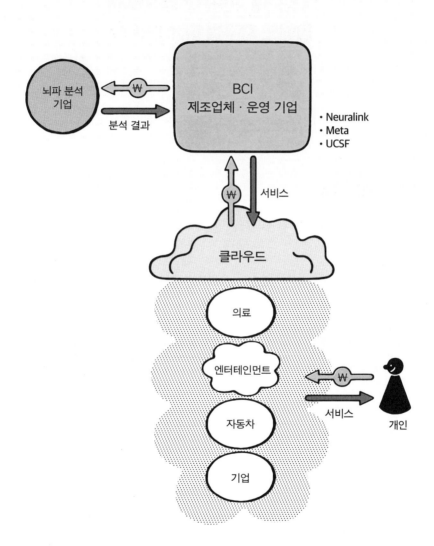

뇌파 분석 기업

분석 결과

BCI
제조업체 · 운영 기업

· Neuralink
· Meta
· UCSF

서비스

클라우드

의료

엔터테인먼트

서비스

개인

자동차

기업

38 #인공 달 2030-2050

위성으로 '인공 달'을 만들어
밤에도 지구를 밝게 비춘다

인공 달은 위성으로 만들어진다. 이렇게 우주에서 지구를 비춤으로써 전기세 절감 및 야간 수색 작업에 활용된다.

최신 기술

인공위성으로 인공 달을 만든다

조만간 인공위성으로 인공 달을 만드는 미래가 도래할 것이다. 이와 관련한 구상에 대해 소개한다.

중국은 2020년까지 조명용 인공위성 '**인공 달**'[1]을 쏘아 올릴 계획을 세웠는데, 그 목적은 가로등 대신 도시를 비추어 전기세를 절감하기 위함이었다. 그 후 이 계획에 대한 발표나 보도가 나오지 않아 자세한 내용은 알 수 없지만, 미래에 이 계획 혹은 이와 비슷한 계획이 중국 혹은 다른 나라 · 기업에서 추진할 가능성이 높을 것으

---

1   중국항천과기집단공사(CASC)가 2018년 10월 10일에 중국 청두(成都)시에서 개최된 '전국 기업 이노베이션 활동 위크'에서 발표했다.

로 생각된다. 지상을 항상 비춰야 하므로 위성은 정지 궤도[2]에 투입될 가능성이 높다. 위성 표면을 코팅한 반사막에 태양광을 반사시켜 지표를 비추는데, 이 위성은 지구상에 직경 80km[3]의 범위를 비출 수 있다. 또한 수십 m의 범위 내에서는 밝기를 어느 정도 제어할 수 있다고 알려졌으며, 진짜 달과 함께 비추면 평상시의 밤보다 여덟 배 더 밝게 할 수도 있다.

정지 궤도 외에 지구의 저궤도[4]에 위성을 투입하는 경우도 생각할 수 있다. 이 경우, 지상을 상시 비출 수 있도록 위성이 늘 상공을 통과하는 대규모 위성 그룹을 이루게 된다. 지구의 저궤도에 새롭게 대규모 위성 그룹을 띄우려면 예산이나 일정 면에서 어려움을 겪을 것이다. 그래서 기존의 인터넷 위성에 Hosted Payloads(위성에 탑재되는 별도의 미션 기기)와 같은 것을 탑재함으로써 인공 달의 역할을 담당하게 하는 방안도 있다. 예를 들면 SpaceX의 'Starlink'나 Amazon의 'Project Kuiper', OneWeb 등의 인터넷 위성 그룹에 반사막을 장착해 인공 달을 구축하는 것이다.

그러나 대규모 위성 그룹은 지상의 천체 관측에 나쁜 영향을 미칠 것이라며 천문학자들로부터 우려의 목소리가 나오고 있다.

---

2 정지 위성이란 고도 3만 6,000km의 우주에 투입되는 위성으로, 지구의 자전 속도와 위성의 주회 속도가 일치하기 때문에 지구상에서 보면 멈춰 있는 것처럼 보인다.
3 직경 80km는 도쿄를 중심으로 했을 때 하치오지시, 지바시, 사이타마시, 요코하마시 등이 포함되는 상당히 넓은 범위이다.
4 저궤도 위성은 고도 2,000km 이하에서 지구 주위를 돌고 있다. 많은 위성은 고도400∼500km 부근에서 약 90분 만에 지구를 한 바퀴 돈다.

주로 공적 사업에 사용될 인공 달

이 '인공 달'은 공적 사업으로서 자리매김되어 개발, 제조, 발사된 후 다음과 같은 시장에서 서비스를 제공한다.

□ 유료 도로 운영 기업

도로, 고속도로, 선로 등의 공사는 교통 혼잡이나 정체 시간을 피하기 위해 심야에 작업하는 경우가 많다. 인공 달을 이용해 작업 현장을 낮처럼 밝게 하면 작업 효율이 향상한다.

□ 지자체

등산이나 바다에서 조난자가 발생한 경우, 깜깜한 밤에는 일단 수색을 중단할 때가 많다. 그러나 인공 달을 사용해 밤을 낮처럼 밝게 할수 있다면 조난자를 발견할 가능성이 높아질 것이고, 이에 따라 생존율도 높아진다. 그 밖에도 지진이나 태풍 등 자연재해로 인한 피해 복구 작업이나 급작스러운 정전이 발생했을 때 등의 구조 활동에도 도움이 될 수 있다. 이처럼 인명 구조나 재해 복구 등에 사용되는 공적 역할의 성질상, 정부 등 공적 기관이 운용 · 관리할 것으로 보는 것이 자연스럽다. 이 경우, '인공 달' 위성의 운용 장소를 정지 궤도 범위로 할 가능성이 높지만, 정지 궤도는 이미 혼잡한 상황이다.

따라서 정지 궤도 범위에 위성을 투입하기는 매우 곤란할 것이다. 왜냐하면 정지 궤도는 지구에서 봤을 때 위성이 상공에 정지해 있는 것처럼 보이므로, 지구를 관측할 수 있는 이점(재해 파악, 일기예보 등)을 얻고자 하는 공적 기관 등이 정지 위성을 사용하는 경우가 많기 때문이다. 한편, 기업들은 정지 궤도를 확보하는 데 어려움을 겪게 될 것이므로 지구의 저궤도를 비행하는 대규모 위성 그룹(인터넷 위성이나 원격 탐사 위성 등)에 '인공 달' 기능을 부여해 운용할 가능성도 있다.

2020년에 '인공 달'을 쏘아 올리겠다고 했던 중국의 계획이 연기된 이유는 확실하지 않지만, 머지않아 다른 국가나 기업 등이 이를 실현시킬 것이다.

'인공 달'을 실현하려면 기술적 측면의 과제도 해결해야겠지만, 그보다 예산이나 일정 등이 장애물이 될 것으로 생각된다. 그러나 조건이 갖추어지고, 의사 결정이 이루어지면 10~20년 정도의 세월을 거쳐 실현될 것이다.

인공 달

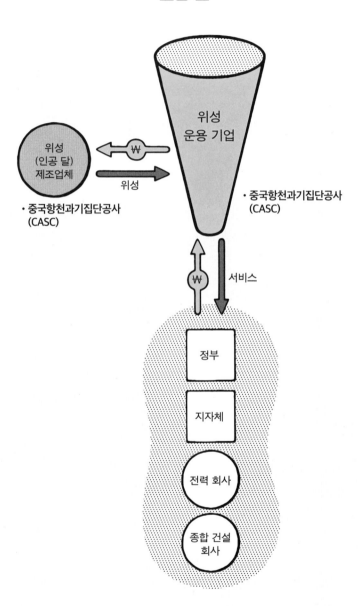

위성
운용 기업

위성
(인공 달)
제조업체

₩

위성

· 중국항천과기집단공사
(CASC)

· 중국항천과기집단공사
(CASC)

₩

서비스

정부

지자체

전력 회사

종합 건설
회사

#우주 바이오마이닝 2040-2050

달이나 화성 이주에 필수,
미생물로 금속을 녹이는
바이오마이닝이 각광 받는다

2040년경 달이나 화성으로의 이주 계획이 실현될 경우, 우주 바이오마이닝(biomining, 미생물 제련) 관련 대규모 설비가 만들어져 우주에서의 건축이나 전자 기기 제조에 유용하게 활용될 것이다.

최신 기술

바이오마이닝은 미생물을 사용해 광석에서 금속을 녹이는 기술이다

현재까지의 바이오마이닝 관련 기술을 소개한다. 일반적으로 마이닝은 광석을 파내서 유용한 광물을 분리하고(선광), 모아서(정광) 불필요한 원소를 없애는(정련) 공정을 거친다. 한편, 바이오마이닝은 미생물의 힘을 빌려 광석에서 금속을 녹여 내는 기술이다.

바이오마이닝의 예로는 황동석의 산(더미)에 철산화 세균을 함유한 용액을 살포하면 구리와 철이 녹아 각각의 금속을 회수할 수 있는 것이 있다.

미래의 바이오마이닝의 무대는 우주로 그 범위가 확장될 것이다. 실제로 우주 바이오마이닝은 10년 전부터 준비되어 왔다.

영국의 **에든버러대학** 등은 국제 우주 정거장 ISS에서 **BioRock**이라 불리는 성냥갑 크기의 작은 바이오마이닝 반응기로 바이오마이닝을 실험하고 있다. 실험 목적은 우주라는 특수한 중력 환경에서 바이오마이닝이 제대로 기능하는지 확인하기 위함이다.

2019년 7월에 **SpaceX**의 팰컨 9에 의해 18개의 BioRock이 발사되었고, 국제 우주 스테이션 ISS에서 3주간 화성 · 지구 · 미소 세 가지 종류의 중력을 본뜬 환경에서 희토류 원소[1]와 바나듐을 바이오마이닝으로 추출하는 데 성공했다. BioRock에서는 세 가지 종류의 미생물(Sphingomonas desiccabilis, 고초균, Cupriavidus metallidurans)을 사용하고 있는데, 이 실험을 통해 크게 아래의 세 가지 사실이 밝혀졌다.

① 중력이 변화해도 바이오마이닝에 의한 희토류 원소의 추출률에 유의미한 차이는 없었다.

② 스핀고모나스 데시카빌리스는 어떠한 중력 환경에서나 바이오리칭(bioleaching)의 효율이 1.1~4.29배나 높았다.

③ 중력이 낮은 조건에서도 바나듐의 바이오마이닝이 283%나 증가했다.

1 　희토류 원소란, 31개 광물의 종류가 존재하는 희소 금속의 일종으로, 17가지 종류의 원소를 총칭한다.

우주로 인류의 이주를 위해 바이오마이닝 사용

우주 바이오마이닝 기업은 아래와 같은 제품을 구입할 것이다.

◼ 우주에서의 미생물, 바이오마이닝 시설

바이오마이닝에 적절한 미생물을 구입하고, 미생물이 살 수 있도록 관리하는 장치도 갖춘다. 나아가 지구에서 행해지고 있는 바이오마이닝과 유사한 시설이 정비될 것이다. 또한 우주 바이오마이닝 기업은 추출한 희토류 원소나 바나듐(vanadium; 철광 속에 천연으로 존재하는 회백색 금속 원소-옮긴이) 등을 아래의 시장에 판매할 것이다.

◼ 우주에서의 전자 기기

달의 표면(레골리스; 암석을 덮고 있는 불균일하고 퍼석퍼석한 물질의 층으로 지구, 달, 소행성 등에서 발견할 수 있음-옮긴이) 등에서 바이오마이닝으로 희토류 원소를 추출해 달이나 화성 기지에서 중요한 전자 기기 등을 제조하는 기업에 판매한다. 전자 기기업체는 이 희토류 원소를 사용하여 전자 기기 등을 제조, 판매한다.

◼ 우주에서의 건설 기업

바이오마이닝으로 추출된 바나듐은 건설 회사에 판매된다. 바나듐은 달이나 화성의 건물, 공구, 건설 과정에서 사용될 수 있는 고강도의 내식성 재료를 제조하기 위해 강철에 사용되는 원소이다. 우주에서 건축물을 만들 때 반드시 필요한 바나듐이지만, 지구에서 우주선에 탑재해 수송하기에는 양이 너무 많아 비현실적이다. 그렇지 않아도 지구에서 고갈되고 있는 희토류 원소를 우주로 옮기려면 막대한 비용이 소요될 것이다. 달이나 화성에도 귀금속이 존재하지만 바위나 흙에서 파내지 않으면 사용할 수 없으므로, 이를 위해 지구에서 채굴 설비를 가져가려 해도 너무 무거워 이 또한 막대한 비용이 들 것으로 예상된다. 이러한 문제들을 해결할 수 있는 방법 중 하나가 미생물만으로 광물을 추출할 수 있는 바이오마이닝이다.

인류를 달에 보내는 것은 2024년(아르테미스 계획)[2], 화성으로 보내는 것은 2040년경에 가능하다고 하니 이를 토대로 생각하면 우주 바이오마이닝이 어느 정도의 규모로 상업적 이용이 가능해지는 시기는 2040년 이후가 될 것이다.

---

2 아폴로 계획 이래 미국이 주도하고 있는 인류의 달 표면 착륙 계획. 목표는 2024년까지 사람을 달 표면에 착륙시키는 것이지만, 계획이 지연되었다는 보도도 있다.

우주 바이오마이닝

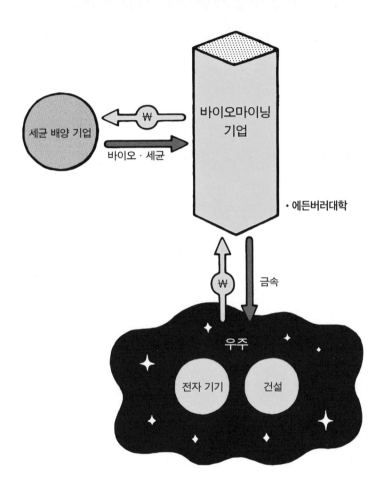

깨끗한 수소가 에너지 자원이 된다

저렴하고 간단하게 수소를 생성할 수 있게 된다면, 이 기술은 일본이 지향하는 'CO₂ 프리 수소 공급 시스템'의 공급망이 될 것이다.

최신 기술

수소를 간단히 만들 수 있게 된다

수소를 의외로 쉽게 생성할 수 있는 시대가 도래할 것이다. 먼저 현재까지의 개발 상황을 소개한다.

현재 수소를 생성하는 일반적인 방법은 '① 석유, 천연가스 등의 화석 연료로부터 촉매를 이용해 생성한다, ② 바이오매스(biomass; 생물 에너지 자원-옮긴이) 메탄올이나 메탄가스를 촉매 등을 이용해 생성한다, ③ 제철소나 화학 공장 등에서 발생하는 부생 가스를 정제한다, ④ 자연 에너지 등으로 발전한 전기를 이용해 물을 전기분해한다' 등이다. 어느 것 하나 쉬운 방법은 없다.

그렇다면 새롭게 개발된 기술을 살펴보자.

후쿠오카공업대학의 다카하라 겐지高原健爾 교수[1]의 연구실에서는 알루미늄과 물만으로 수소를 생성하는 방법을 개발했다.

"$2Al + 3H_2O \rightarrow Al_2O_3 + 3H_2$"

후쿠오카공업대학에 따르면, 산소와 쉽게 반응하는 성질이 있는 알루미늄은 표면이 금방 산화해서 매우 얇은 산화막으로 덮어버리기 때문에 보통 물과 반응하지 않는다고 한다. 그래서 공장 등에서 부품이나 금형을 가공하고 나서 발생하는 알루미늄의 폐기 쓰레기를 특수한 장치로 분쇄해 더욱 미세한 미립자로 가공한다.

그 미립자 알루미늄에는 입자 내에 미세한 균열이 나 있는데, 물이 이 균열을 따라 침입하여 물 분자의 분해가 진행되면서 수소가 발생한다. 이 기술은 알루미늄 단 1g과 물만으로 약 1리터의 수소를 만들어 낼 수 있다. 실제 이 반응에 의한 수소를 활용한 연료 전지로 삼륜 자동차의 주행에 성공했다.

한편, **신에너지산업기술종합개발기구**(NEDO)와 **인공광합성화학프로세스기술연구조합**(ARPChem)은 인공 광합성[2]을 이용한 수소 생성을 실현했다. 이는 태양광 에너지의 자외선으로부터 광촉매를 통해 물을 수소와 산소로 분해하고, 분리막을 통해 수소를 추출하는 것이다. 또한 공장 등에서 배출되는 CO_2와 수소를 이용해

---

1   다카하라 교수는 1989년 공개된 영화 〈백 투 더 퓨처 PART 2〉에서 타임머신 자동차 들로리안 (Delorean)이 알루미늄 캔 등의 쓰레기를 연료로 바꾸어 달린 장면과 이 연구의 성과를 거듭 설명했다.
2   태양광 에너지를 이용하여 상대적으로 에너지 레벨이 낮은 물이나 CO_2 등을 에너지 레벨이 높은 수소나 유기 화합물 등으로 변환하는 기술을 말한다.

C_2~C_4 올레핀이라는 플라스틱 원료를 생성할 수도 있다.

간단한 수소 생성 기술이 공급망의 일부

수소를 생성하는 기업은 수소 생성에 필요한 장치 혹은 장치에 필요한 부품, 부재를 조달한다. 그리고 그 장치를 통해 생성된 수소는 수소발전, 연료 전지, 금속 야금(광석에서 금속을 골라내는 일이나 골라낸 금속을 정제·합금·특수 처리하여 여러 가지 목적에 맞는 금속 재료를 만드는 일-옮긴이), 로켓 연료, 태양 전지 패널 제조 등의 기업에 판매된다.

일본에는 수소 사회를 실현하기 위한 수소·연료 전지 전략 로드맵이 책정되어 있다. 그 가운데 재생 가능 에너지 유래의 CO_2 프리 수소 공급 시스템은 2040년경에 확립될 것으로 보고 있다.

후쿠오카공업대학의 기술에 필요한 알루미늄과 물 모두 가격이 비싸지는 않다. 그러나 알루미늄을 생성하려면 많은 전력이 필요하고, 또 알루미늄을 특수한 장치로 분쇄해 더욱 미세한 미립자로 가공하기까지의 모든 비용이 이 수소 발생이 가져다주는 이익과 비교했을 때 과연 합리적인 수준인지가 과제로 남아 있다.

또 인공 광합성에 의한 수소 발생도 ① 가시광선 응답형으로 만든다, ② 태양광 에너지 변환 효율(5~10%)을 보유한 고효율 광촉매를 개발한다, ③ 저가화한다 등 향후 새로운 개선이 이루어질 것이다. 만약 이와 같은 과제들이 해결된다면 수소 공급망이 기존과는 다른 새로운 변화를 가져올 가능성이 있다.

2050년, 일본은 탄소 중립을 선언했다. 향후 국제적으로도 수소 에너지를 활용한 시장은 틀림없이 확대될 것이다.

어쨌거나 현재의 모든 기술적인 과제, 비용 면에서의 과제가 해결될 2040년 이후에는 이 알루미늄과 물만으로 수소를 발생시키는 기술과 인공 광합성으로 수소를 발생시키는 기술이 주류가 되기를 기대한다.

수소 생성

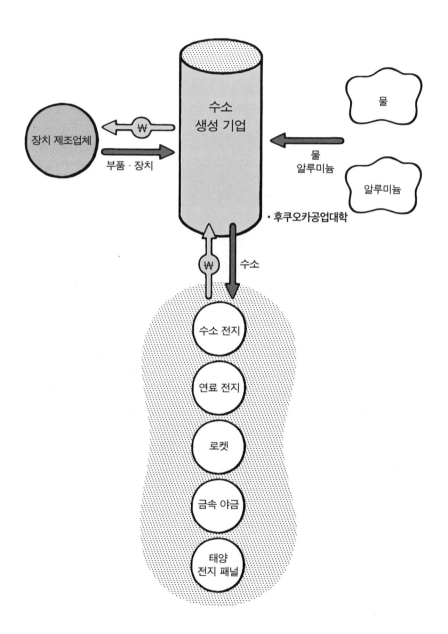

장치 제조업체

₩

부품 · 장치

수소
생성 기업

물

물
알루미늄

알루미늄

· 후쿠오카공업대학

₩

수소

수소 전지

연료 전지

로켓

금속 야금

태양
전지 패널

41 #우주 여행 2040-2050
미래 최고의 여행지, 우주로 떠난다

2040년경 이후 우주 여행 시장은 그 대상이 부유층에서 일반인으로 바뀌며 최고의 여행지가 될 것으로 예상된다.

최신 기술

일반인도 우주 여행을 할 수 있다

본래 국제 우주 스테이션 ISS에 우주 비행사가 머무는 것도 넓은 의미에서는 우주 여행에 해당한다. 따라서 기술적으로는 이미 우주 여행이 실현되었다고 할 수 있다. 그러나 여기에서 말하는 우주 여행은 특수한 훈련을 받은 우주 비행사가 아닌 민간인을 대상으로 하는 경우를 말한다. 아울러 국비가 아니라 여행자의 자비로 우주에 가는 점 등이 주된 초점이다.

현재의 우주 여행에는 준궤도(Suborbital) 여행이 있다. 준궤도 여행이란, 로켓 등의 수송기로 상승하여 고도 100km[1]까지 도달하

---

[1] 세계의 일반적인 공통 인식으로는 카르만 라인(Kármán line)으로서 고도 100km 이상을 우주로 정의하고 있다. 그 밖에도 미국 공군 등은 고도 80km 이상을 우주로 정의하기도 한다.

는 것을 말한다. 전체 여행 시간은 90분 정도이며, 고도 100km에 몇 분 동안 머물며 무중력 공간을 체험하는 동시에 지구나 별 등의 경치를 바라볼 수 있다. 미국 Virgin Galactic, 미국 Blue Origin이 이미 민간인의 준궤도 여행에 성공했다.[2]

그 밖에 지구의 저궤도를 며칠 동안 주회하는 여행도 있다. 미국 SpaceX는 이미 Inspiration 4라는 프로젝트를 통해 유인 우주선 'Crew Dragon'으로 민간인을 대상으로 한 우주 여행에 성공했다.[3] 이처럼 현시점에서도 민간인 우주 여행에 대한 안전성이 해결되어 있다.

수송기 안에 머무르는 것뿐만 아니라 우주 호텔에 머무르는 것도 우주 여행이다. 우주 호텔은 국제 우주 정거장 ISS[4] 등을 떠올리면 이해하기 쉬울 것이다. 이는 지구 저궤도의 우주 공간에 떠 있는 거주 공간에 머무르는 것으로, 미국 Bigelow Aerospace, Axiom Space 등이 계획하고 있다.

아직 실현되지는 않았지만 우주선 외의 여행도 우주 여행의 일종이라 할 수 있다. 우주 비행사가 무게감이 느껴지는 우주 비행복

---

2 2021년 7월 20일, Blue Origin은 일반인으로 사상 최고령의 82세 여성과 최연소의 18세 남성, Blue Origin의 창설자 제프 베이조스 등이 우주 여행에 성공했다.
3 2021년 9월 18일, SpaceX는 Inspiration4 프로젝트에서 네 명의 민간인만을 태운 우주선으로 3일간의 우주 여행에 성공했다. 의족을 사용한 암 완치자도 탑승해 화제가 되었다.
4 국제 우주 정거장 ISS는 일부 노후화가 진행되어 2024년까지 운용될 것이라는 보도도 있고, 2028~2030년까지 운용될 거라는 논의도 있다. 운용 종료 후에는 Axiom Space가 민간 이관해 상업적으로 이용하는 것으로 정해져 있다.

을 입고 우주선 밖을 움직이는 모습을 떠올리면 쉽게 알 수 있을 것이다. 일반인이 그런 우주 비행복을 입고, 우주 정거장 밖으로 나가 엔터테인먼트로서 우주선 외부 활동 EVA를 한다.

그 밖에 달이나 화성에 착륙하지 않고 주변을 도는 여행이나, 달이나 화성에 착륙하여 그곳에 만들어진 도시에 머무르는 여행도 있다. 이와 관련하여 SpaceX는 우주선 Starship의 개발을 착실히 추진 중이다.

우주는 아니지만 기구를 타고 성층권에 진입하는 여행도 현재 개발 중이다. 대략 고도 20~30km를 비행하는데, 이는 평상시 비행기의 고도인 10km의 2~3배에 해당한다. 성층권에서 바라보는 전망은 우주에서 지구를 내려다보는 것과 비슷할 것이다.

미국의 Space Perspective와 World View, 중국의 Kuang -Chi Science, 일본의 SPACE BALLOON이 이와 같은 기구 여행 준비를 진행하고 있다.

비즈니스 미래 지도

우주 여행 비즈니스는 저가화가 핵심

우주 여행 비즈니스는 국내외의 여행 비즈니스를 토대로 예측할 수 있다. 훈련 비즈니스, 엔터테인먼트 비즈니스, 보험 비즈니스는 특히 우주 여행에 특화될 것이다.

우주 여행을 위한 사전 훈련은 훈련 기업이 담당한다. **NASA**나 **JAXA**의 우주 비행사가 받는 훈련과는 다르지만, 10대에서 80대까지 폭넓은 연령대의 일반인이라도 수송기의 소음, 진동이나 음속 이상의 G에 견딜 수 있어야 한다. 그 어떤 상황에 놓인 사람이라도 받을 수 있는 훈련 메뉴 혹은 개별 훈련 메뉴가 개발되어 수강할 수 있을 것이다. 단, 성층권을 여행하는 경우에는 기구로 갈 수 있기 때문에 별다른 훈련이 필요하지 않다.

한편, 엔터테인먼트 비즈니스는 우주라는 특징을 살려 다양하게 개발될 것이다. 성층권 여행의 경우, 무중력 체험은 할 수 없지만 부담 없이 2~3시간의 파티나 결혼식, 피로연 등도 개최할 수 있다.

현시점에서는 우주 여행은 아직 부유층이 대상이며, 일반인에게까지 보급되려면 저가화가 관건이라고 할 수 있다.

저가화가 진행되려면 우주선 제조 거점의 대형화, 우주선의 보수·재이용 기술이나 훈련, 다양한 환경의 일반인 여행 실적 등 관련 경험을 쌓을 필요가 있다.

다만, 기존의 Old Space 시대와 비교하면 New Space 시대 벤처 기업의 비즈니스는 놀라울 정도로 빠르게 진전되고 있다. 이러한 상황을 감안하면 다양한 경험이 쌓이기까지 10~20년 정도가 걸릴 것으로 예상되므로, 2040년이 되기 전에 우주 여행이 저가화되면서 일반인을 대상으로 하는 우주 여행이 실현될 것으로 생각된다. 그렇게 된다면 필시 우주는 최고의 여행지가 될 것이다.

우주 여행

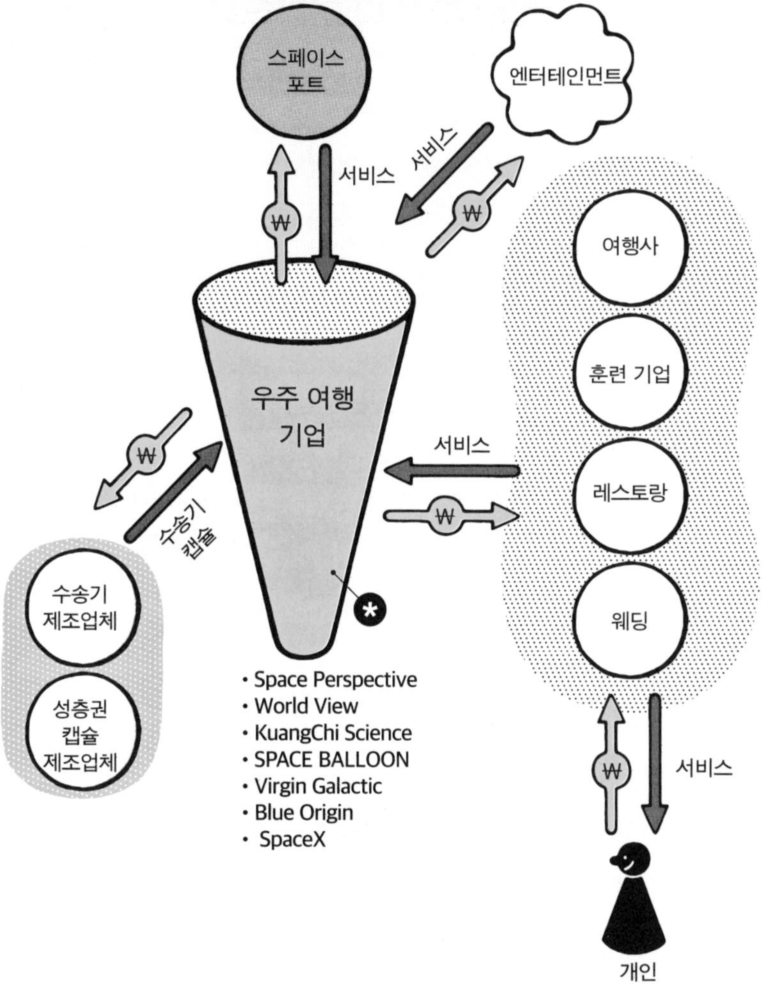
스페이스 포트
엔터테인먼트
서비스
서비스
₩
₩
우주 여행 기업
서비스
₩
₩
수송기 캡슐
수송기 제조업체
성층권 캡슐 제조업체
여행사
훈련 기업
레스토랑
웨딩
₩
서비스
개인
*
• Space Perspective
• World View
• KuangChi Science
• SPACE BALLOON
• Virgin Galactic
• Blue Origin
• SpaceX

* 수송기 제조업체, 성층권 캡슐 제조업체를 겸하고 있다.

42 #인공 동면 2040-2050
화성 이주를 위한 핵심 기술
'인공 동면'이 실현된다

지구에서 화성으로 가려면 약 180일이 걸린다. 그 기간 동안 사용할 대량의 물이나 식량을 우주선에 탑재할 수 없다는 과제를 해결하기 위해 '인공 동면' 기술이 활용된다. 이 기술이 인간에게 안전하게 적용되어 화성 이주에 사용되는 시기는 2040~2050년 이후가 될 것이다.

최신 기술

체온을 떨어뜨려 활동 정지 상태로 만든다

동물의 동면처럼 사람의 체온을 떨어뜨려 활동 정지 상태로 만드는 것을 '인공 동면'이라고 한다. 인공 동면은 Hibernation, Hyper Sleep, Cold Sleep 등으로도 불린다.

현재 인간의 인공 동면을 실현하기 위해 실험용 쥐 등을 이용한 다양한 연구가 행해지고 있다. **이화학연구소**에서는 동면 상태일 때 기능하는 에너지 절약 구조를 해명하거나 동면 상태로 유도하는 방법을 발견하는 등 괄목할 만한 성과를 올리고 있다.

NASA와 미국 **Space Works Enterprises**는 'NASA Innovative

Advanced Concepts'라는 프로그램을 통해 화성으로의 수송에 대한 연구를 진행하고 있으며, 2018년에는 다음과 같은 검토 결과를 보고했다.

우주선 안에 인공 동면 상태의 인간이 들어가는 포트가 있고, 머리 부분에 설치된 **Oxygen Hood**에서 산소 공급과 CO_2 제거가 이루어진다. 또한 심장의 움직임이나 다른 장기를 항시 모니터링하는 센서가 장착돼 있으며, 사람의 체온은 10℃ 미만으로 유지된다. 영양이나 물도 공급되고, 몸에 전기적인 자극을 주면 근육도 유지할 수 있으며, 배설물 처리도 가능하다.

유럽 우주 기관 ESA에서는 2019년부터 우주 비행사가 동면에 들어가는 최적의 방법 및 긴급 사태가 발생한 경우나 인간의 안전에 대한 대처 방법 등을 검토하고 있다. 동면 상태로 유도하려면 약을 사용해 동물처럼 지방을 체내에 축적한다. 그리고 조명과 온도를 낮춘 상태에서 동면용 포트에 들어가 지구에서 화성에 도착할 때까지의 180일 동안 잠을 잔 후, 21일간의 회복기를 거친 후에 눈을 뜬다. 동면 후 인간의 뼈나 근육의 소모는 없을 것으로 보고 있다.

비즈니스 미래 지도

인공 동면 기술은 의료나 기후 변화 대응 분야에 활용

인공 동면 기술을 실현하려는 이유로는 화성 이주뿐만 아니라 의료나 기후 변화 대응 등도 꼽을 수 있다.

□ 의료

응급 환자를 구급차로 이동시키는 상황이라면, 얼마나 빨리 병원에
도착해 환자를 치료할 수 있는지가 가장 큰 관건이 된다. 그럴 때 만
약 환자를 인공 동면 상태로 만들면 활동 에너지가 떨어져 몸에 대
한 부담을 덜 수 있다. 심장이나 폐 등 장기에 대한 부담도 줄어들어
병의 악화도 막을 수 있다. 이를 통해 환자의 치료 시간을 늘릴 수
있다. 또한 노화 억제 면에서도 기대를 모으고 있다.

□ 기후 변화 대응

지구에 현재의 환경과는 거리가 먼 기후 변화가 닥쳤을 경우에 사람
들을 인공 동면 상태로 만들어 시간이 경과하기를 기다린다. SF나
만화『망향 타로望鄕太郎』와 같은 세계다.

□ 우주

지구에서 화성으로 가려면 우주선 안에서 180일 동안이나 생활해
야 하므로, 탑승하는 인원수만큼의 물, 식품, 공기 등을 우주선에 탑
재해야 한다.[1] 또한 그 기간 동안 인간은 좁은 폐쇄 공간에서 생활하

---

1   우주선에서 180일 동안 사용될 물과 식료품, 일용품의 양은 상당할 것으로 예상된다. 또 화성
    에 도착한 후와 지구 귀환 시에 사용될 물자도 계산에 포함하면 그 양은 우주선에 전부 실을 수
    없는 정도가 될 것이다.

게 되므로, 정신 건강 면에서도 매우 가혹한 환경이 될 수밖에 없다. 이러한 문제도 인공 동면으로 해결할 수 있다. 현재까지 NASA와 Space Works Enterprises에서는 4인용과 8인용의 인공 동면용 우주선의 콘셉트를 표명하고 있다. 8인용 설계일 경우 질량 42.3t, 길이 8.75m, 직경 7.25m, 필요 전력은 30kW이다. 일본 엔으로 환산하면 약 3,000~4,000억엔(한화 3~4조원 정도)의 비용이 들 것이라는 계산도 있다. 4인용은 크기, 비용 모두 8인용의 절반가량 된다고 한다.

인공 동면 연구자의 말에 따르면, 인간이 10분 동안 안전하게 대사를 떨어뜨릴 수 있게 되는 시기는 빠르더라도 2030년의 후반이 될 것이라고 한다. 이를 토대로 생각하면 2030년 후반에는 우선 지구상에서 응급 의료 분야에서 실용될 것으로 예상된다.

또 기후 변화나 화성 이주 시에 인공 동면이 사용되는 것은 2040~2050년 이후가 될 것으로 생각된다.

인공 동면

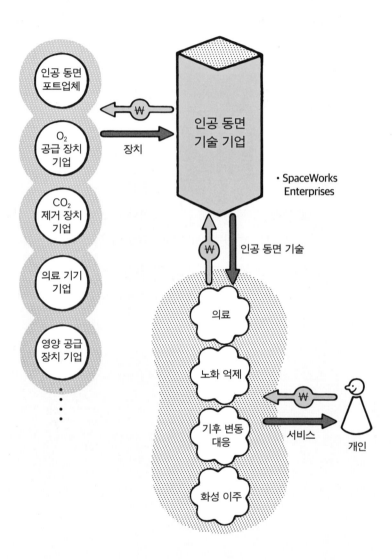

인공 동면 포트업체

O₂ 공급 장치 기업

CO₂ 제거 장치 기업

의료 기기 기업

영양 공급 장치 기업

장치

인공 동면 기술 기업

• SpaceWorks Enterprises

인공 동면 기술

의료

노화 억제

기후 변동 대응

화성 이주

서비스

개인

43 #심해 미래 도시 2040-2050
용궁의 실현!
심해에 펼쳐지는 미래 도시가 생겨난다

2040~2050년 이후 슈퍼 종합 건설회사가 해저에 건축물을 건설하여 호텔, 고급 주택, 관광업, 발전 사업 등의 비즈니스를 시작한다.

최신 기술

심해의 어마어마한 수압을 견딜 수 있는 거대한 여압 시설이 있다

지구를 이루는 바다의 95% 이상이 미지의 세계라고 하며, 심해의 경우에는 거의 알려진 바가 없다.[1] 심해에는 어마어마한 수압이 가해지므로, 심해에 건축물을 지을 경우 그 수압을 견뎌낼 수 있는 거대한 여압 시설[2]이 반드시 필요하다.

시미즈건설은 심해 미래 도시 'OCEAN SPIRAL'을 건설한다

---

1   인류가 심해를 목표로 하는 이유는 ① 식량, ② 에너지, ③ 물, ④ 자원 확보, ⑤ CO_2의 저장과 재이용 등 다섯 가지로 알려져 있다.
2   여압 시설이란, 그 시설 내의 공간에 공기를 넣어 압력을 가하는 시설을 말한다. 여기에서는 지상과 마찬가지로 사람이 거주할 수 있도록 시설 내의 공간에 공기를 채우는 것을 말한다.

는 거대한 구상을 수립하고 있다. 기술적으로는 2030년까지 건설이 가능하다고 한다. OCEAN SPIRAL은 해상으로 나올 수도 있는데, 모두 세 개의 공간으로 구성되어 있다. ① 거주 공간인 BLUE GARDEN, ② 해저 기지인 EARTH FACTORY, ③ 거주 시설과 해저 기지를 잇는 INFRA SPIRAL과 슈퍼 밸러스트 볼(Super ballast ball)이 바로 그것이다.

거주 공간인 BLUE GARDEN은 직경 500m의 콘크리트로 완성된 5,000명이 살 수 있는 공간이며, 중심이 수심 200m 정도가 되도록 배치된다. 그 안에는 호텔, 고급 주택, 상업 시설, 연구 시설 등을 건설하여 유치한다. 그리고 해저 수심 2,500m 아래에는 CO_2 저장 시설과 지진, 지각 변동의 모니터링 거점, 지하자원 굴착 시설이 있는 EARTH FACTORY 등이 설치된다고 한다. 거주 공간인 BLUE GARDEN과 해저의 EARTH FACTORY의 사이에는 나선 모양의 구조물 INFRA SPIRAL이 건설된다. 이 나선의 중심을 이동하는 구체(슈퍼 밸러스트 볼)는 공기나 모래로 부력을 조정함으로써 상하 이동이 가능한 구조이다. 이 슈퍼 밸러스트 볼은 심해나 심해어의 모니터링 거점이나 잠수정의 항구 등과 같은 역할을 담당한다.

이들 구조물은 구체 형상을 이용해 수압의 분산이나 강도가 높은 수지 콘크리트, 녹슬지 않는 수지 배근을 사용함으로써 실현할 수 있다고 한다. 그리고 상하 이동이 가능하므로 바닷속 깊이 잠수함으로써 태풍도 피할 수 있다. 나아가 이 심해 미래 도시에서는 해양 온도 차 발전[3] 방식으로 발전하고, 역삼투막식 담수화 처리[4]로 물을 얻을 수도 있다.

비즈니스 미래 지도

심해 미래 도시는 종합 개발 사업

심해 미래 도시는 시미즈건설과 같은 기술력과 자금력을 보유한 슈퍼 종합 건설 회사가 건설한다. 그리고 이 심해라는 공간을 활용함으로써 다음과 같은 시장에서 서비스를 전개할 것으로 생각된다.

□ 호텔

호텔 기업이 참가하여 고급 호텔로서 운영한다. 개발업자는 호텔 측으로부터 임차료를 징수한다.

□ 고급 주택

분양 아파트, 임대 아파트로서 판매, 임대한다.

---

3   태양으로 따뜻해진 표층 해수와 차가운 심층 해수의 온도 차를 이용해 발전하는 재생 가능 에너지의 하나다.

4   물은 통하지만 염분은 통하지 않는 특수한 성질을 가진 막으로, RO(Reverse Osmosis) 막으로 담수만 추출하는 기술을 말한다.

□ 대형 상업 시설, 오피스

기업의 오피스로서 유치하거나 쇼핑 몰처럼 세입자를 유치하는 경우도 물론 생각할 수 있다.

□ 관광업

수중 전망대로서의 수입을 얻는다. 잠수정을 이용한 심해 유람 투어도 생각할 수 있다. 또한 음식점이나 소매점을 입점시켜 임차료 등을 징수한다.

□ 해저 자원 기업, 연구 시설

해저 자원 기업에 대해 시설 이용료를 징수한다. 국가나 민간 연구 기관에 대해서도 임차료를 징수한다.

□ 발전, 매전 사업

해양 온도 차 발전으로 건축물에 전기를 조달한다. 잉여 전력은 판매하여 수입을 창출한다. 이 해저 미래 도시의 해상 주변에 부유식 해상 풍력 발전을 설치하는 경우도 고려할 수 있다.

□ 잠수정의 심해항 운영 기업

심해에 사람이나 물자가 승선·하선할 수 있는 심해항이 만들어진다. 이 심해항을 운영함으로써 잠수정으로부터 항구 이용료를 징수한다.

앞에서 소개한 시설들의 기능이 완전히 갖춰지기까지는 꽤 많은 시간이 필요할 것이다.

현재까지의 기술로 보건대 2030년까지는 건설할 수 있을 것이라는 보도가 있으므로, 빠르면 2040~2050년 이후 어느 정도의 수심까지는 건축물이 건설되어 단계적으로 심해 미래 도시가 정비되어 갈 것으로 예상된다. 나아가 위에서 소개된 서비스를 제공하는 비즈니스가 시작될 것이다.

심해 미래 도시

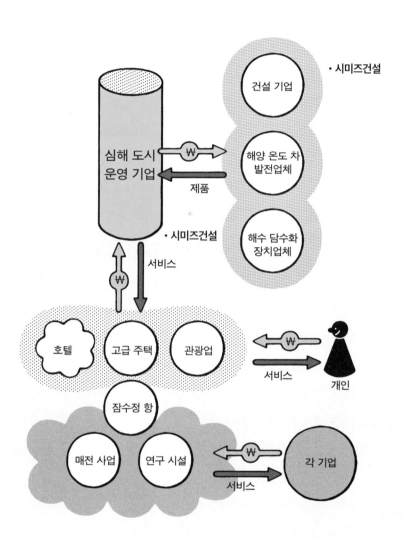

'꿈의 발전소' 핵융합 에너지가 실현된다

핵융합발전은 지구상에 대량으로 존재하는 물로부터 반영구적으로 에너지원을 획득할 수 있는 안전하고 안정된 발전의 한 형태이다. 2050년 이후의 일본에서는 발전 포트폴리오 안에 핵융합발전이 등장하며, 이를 통해 꿈과 같은 발전 사업이 시작될 것이다.

최신 기술

핵융합발전은 자기밀폐 방식과 관성밀폐 방식이 있다

태양과 동일한 반응을 일으켜 지구상에 대량으로 존재하는 해수로부터 반영구적으로 에너지원을 획득할 수 있기 때문에 '지상의 태양', '꿈의 발전소' 등으로 불리는 핵융합발전. 영화 〈스파이더 맨 2〉에서도 옥토퍼스 박사가 핵융합 공개 실험에 성공하는 장면이 있는데, 이는 현실과는 상당히 거리가 먼 이미지이다.

핵융합 반응에는 DT 반응(중수소와 삼중수소의 반응)과 DD 반응(중수소와 중수소의 반응)이 있다.[1] 가장 반응을 일으키기 쉬운 것으로

---

1   D는 중수소, T는 삼중수소를 말한다. D는 해수 등에서 비교적 쉽게 입수할 수 있는 무궁무진

알려져 있는 DT 반응에서는 n(중성자)와 He(헬륨)이 생성된다. 생성된 중성자가 핵융합로에 입사해 산란·감속을 반복하면서 핵융합로의 구조 재료 등을 가열한다. 그리고 그 열을 수송하면서 터빈을 돌려 발전하는 것이다.

핵융합 반응을 실현하는 다양한 방법이 제시되고 있지만, 대표적인 것으로는 '자기밀폐 방식(플라스마를 자기장에 가둔다)'과 '관성밀폐 방식(관성의 힘을 이용해 원자를 고밀도로 만든다)'가 있다. 자기밀폐 방식에는 도넛 모양의 토카막(Tokamak)형과 도넛 모양을 비튼 헬리컬(Helical)형 등이, 관성밀폐 방식에는 레이저 방식이 있다.

세계적으로는 국가의 연구 기관, 대학, 기업 등에서 핵융합과 관련한 다양한 연구 개발이 진행되고 있으며, 자기밀폐 방식이 한 걸음 더 나아가 있는 듯하다.

일본의 **핵융합과학연구소**(NIFS)는 **LHD**라는 대형 헬리컬 장치(자기밀폐 방식)에 대한 연구를 진행 중이며 다양한 성과를 내고 있는데, 그중에서도 2020년도의 중수소 플라스마 실험에서 전자 온도, 이온 온도 모두 1억 도에 이르는 플라스마의 생성에 성공했다.

양자과학기술연구개발기구(QST)에서는 **JT-60**이라는 토카막형(자기밀폐 방식)에 대해 연구해 왔다. JT-60에서는 Q값, 플라스마 온도[2] 등에서 세계 최고치를 달성했고, 현재는 그 뒤를 이어 **JT-60**

한 자원이고, T는 자연계에는 거의 존재하지 않지만 핵융합로 내의 반응에 의해 T를 생성하는 것으로 보고 있다.

2 Q값이란 핵융합 반응에 의한 출력과 가열 입력의 비율을, 플라스마 온도란 플라스마 내의 이온

SA가 건설되고 있다.

다른 사례도 살펴보자. 캐나다의 핵융합 벤처 기업인 General Fusion는 'Magnetized Target Fusion(MTF)'이라는 자화 표적 핵융합 방식[3]으로 핵융합을 실현하고자 하는데, 이는 완전히 새로운 개념의 핵융합이다. MTF의 원리는 다음과 같다. 액체 금속 등의 도체로 이루어진 영역에 플라스마를 넣고, 도체 별로 핵융합 반응이 일어날 때까지 플라스마의 압축·가열을 반복하는 방식이다. MTF의 경우 플라스마의 밀폐 시간이 자기밀폐 방식보다 짧다.

한편, 미국의 기업 Helion Energy는 핵융합 플라스마로부터 열을 회수해 터빈을 돌려 전기를 발생시키는 것은 고려하지 않는다. 중앙부에서 충돌한 플라스마가 팽창할 때는 당연히 자기장이 변화하는데, 그 자기장의 변화에 따라 패러데이의 법칙에 의해 전류가 유도되므로 그 전류를 직접 회수하는 방식을 사용하는 것이다. 이 방식으로 현재까지 95%의 에너지 변환 효율에 성공했다.

또한 'Self-supplied helium-3 fuel cycle'이라는 중수소를 핵융합의 연료 헬륨3(^{3}He)으로 변환하는 시스템도 개발하여 특허를 취득했다. Helion Energy는 공업 프로세스로 ^{3}He을 제조한 최초의 기업이기도 하다.

과 전자의 온도를 말한다.

3   MTF는 자기밀폐 핵융합과 관성밀폐 핵융합의 중간 방식으로, 소형 환상체 플라스마를 폭축(爆縮)하여 핵융합 반응을 일으키는 방식이다.

발전 방식이 다른 전기 사업

수력 발전, 화력 발전, 원자력 발전, 재생 가능 에너지 등과 발전 방식은 다르지만, 핵융합발전의 비즈니스 모델은 현재의 발전(發電)·매전(賣電) 비즈니스와 같다.

핵융합발전 사업자는 발전 시설의 재료 등을 제조업체에 위탁하여 개발, 제조한다. 또한 D, T 등의 연료를 생성하는 기업으로부터 연료를 조달해 발전한 전기를 매전한다.

미국이나 유럽 등에서는 2030~2040년에 핵융합발전(시험적인 파일럿 플랜트 포함)을 실현하려고 계획 중이다.

일본의 경우, 그린 성장 전략의 공정표에 따르면 핵융합발전의 실현은 2050년 이후가 될 것으로 예상된다.

핵융합발전

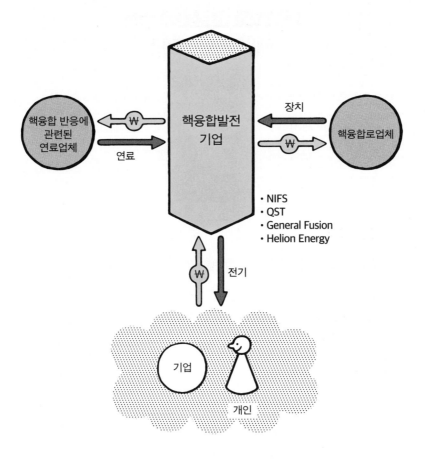

핵융합 반응에 관련된 연료업체

₩

연료

핵융합발전 기업

장치

₩

핵융합로업체

• NIFS
• QST
• General Fusion
• Helion Energy

₩

전기

기업

개인

우주 태양광발전, 깨끗하고 고갈되지 않는 에너지원이 된다

일본의 우주 태양광발전 시스템은 2030년대에 우주 실증 단계, 2045년 이후에는 실용화 단계를 거쳐 2050년경 완전 실용화를 계획하고 있다.

최신 기술

우주 공간에서 발전하여 마이크로파로 전력을 지상에 보낸다

우주 태양광발전 시스템은 SSPS(Space Solar Power Systems)로 불린다. SSPS는 우주 공간에 거대한 태양 전지와 마이크로파 송전 안테나를 설치한 다음, 마이크로파를 이용해 무선으로 지상에 전력을 보내는 발전소에 대한 구상이다.

화석 연료를 사용하지 않기 때문에 친환경적이고 고갈되지 않는 에너지원이라는 점, 기후나 밤낮을 불문하고 발전 가능하기 때문에 안정적인 전력을 얻을 수 있다는 이점이 있다.

2021년에 개봉한 영화 〈태양은 움직이지 않는다太陽は動かない〉

에도 우주 태양광발전이 등장한다. 우주 태양광발전에 대한 구상은 예부터 제창되어 왔지만 아직 실현에 이르지는 못한 상태이며, 실현 가능성에 대해서도 찬반이 엇갈리고 있다.[1]

SSPS의 구체적인 구상은 태양 전지를 탑재한 위성을 우주 공간에 쏘아 올려 고도 3만 6,000km의 정지 궤도로 투입하고, 태양광으로 발전한 태양 전지 에너지를 마이크로파로 변환한다. 그 후 송전 안테나로 마이크로파를 빔 형성해 방향을 제어하여 지구로 전송한다. 한편, 지구에서는 수전 안테나(렉테나)로 마이크로파를 수전해 직류를 교류로 변환해서 상용 전력망으로 전송한다.

100만 kW급 원자력 발전소와 동등한 발전 시설로 만들려면 우주 공간에 약 2km 사방의 태양 전지 패널을 펼쳐야 한다. 지상에는 직경 4km 규모의 수전 안테나가 필요하다고 한다.[2]

비즈니스 미래 지도
우주 태양광발전은 대규모 발전 비즈니스

---

1   대형 구조물의 수송 기술, 대형 구조물의 소형·경량화 기술, 우주 공간에서의 건설 기술의 개발과 비용 절감을 위한 대책이 필수이다. 그 밖에도 SSPS에서 지상으로 보내는 마이크로파가 인체에 미치는 영향이나 대기, 전리층, 항공기, 전자 기기 등에 미치는 영향 또한 해결해야 할 과제이다.
2   수전 시설에서는 파일럿 신호를 우주 공간의 태양 전지 측을 향해 송신하고 있으며, 태양 전지 측이 이 파일럿 신호를 추적에 사용하거나 이 신호를 수신하지 않은 경우에는 마이크로파를 지구 방향으로 전송하지 않는 등 안전 설계도 이루어져 있다고 한다.

수력 발전, 화력 발전, 원자력 발전, 재생 가능 에너지 등 발전 방식은 서로 다르지만 SSPS의 비즈니스 모델은 현재의 발전(發電)·매전(賣電) 비즈니스와 동일하다. SSPS 사업자는 SSPS를 운영해서 발전한 전기를 지상에 발전·매전함으로써 이익을 얻는다.

먼저 SSPS 사업자의 위탁을 받은 SSPS 제조업체는 개발 및 제조를 담당한다. SSPS는 작게 분할되어 로켓을 통해 우주로 발사된 뒤 우주 공간에서 서서히 조립되거나, 혹은 작게 접어 로켓으로 수송한 후 우주 공간에서 넓게 펼치는 대형 전개 구조물[3]이 될 것이다.

그 밖에도 SSPS와 관련한 다양한 비즈니스가 창출된다. SSPS 운용 중 우주 쓰레기와의 충돌을 피하기 위한 감시와 태양 폭발로 인한 SSPS의 손상 수리, 운용 종료 후의 안전한 폐기·재이용 등이다.

또한 태양풍의 압력 등에 의해 SSPS의 궤도나 자세가 흐트러질 수 있다. 이에 대응하기 위해 SSPS에는 반동 추진 엔진(연료를 분사해 궤도나 자세를 수정하는 장치)이나 자세 제어에 관한 기기가 탑재될 것이다. 그러므로 연료가 고갈되기 전에 미리 연료를 주입하는 기업이나 로보틱스 기술을 보유한 페이로드(Payload; 실제로 탑승한 승객, 화물, 우편물 등의 유상 탑재량-옮긴이)로 자세나 궤도를 수정하는 기업 등도 생겨날 것으로 예상된다.

---

3   우주 개발에서는 인공위성의 태양 전지 패널 등을 작게 접는 기술이 중요하다. 도쿄대학의 미우라 고스케 명예교수의 '미우라 접기', 도카이대학 소가메 아키토 박사의 '소가메 접기', 일본의 OUTSENSE 등이 작게 접는 기술 개발에 주력하고 있다.

우주 태양광발전은 **경제산업성, 문부과학성, JAXA**를 중심으로 검토가 진행되고 있으며, 일본의 국가 프로젝트로서 가동되고 있다. 또한 **교토대학**의 시노하라 나오키篠原真毅 교수 등 세계를 대표하는 연구자도 이 분야에 참여해 진전을 꾀하고 있다.

현재 일본에서는 **우주시스템개발이용추진기구**(JSS)가 **경제산업성**의 의뢰를 받아 사업을 추진하고 있다.

2020년까지의 성과로는 대형 우주 구조물의 구축 기술에 관한 궤도상 실증 시스템의 기본 설계를 완료했다. 2021년 이후에는 실용화를 위해 발송전 일체형 패널의 개발과 마이크로파 무선 송수전 기술에 관한 송전부의 고효율화 등을 도모하고 있다.

장래의 장거리 대전력 무선 송수전 기술의 진보와 함께, 이들 기술이 다른 산업으로 스핀오프되는 것도 목표라고 한다.

또한 SSPS의 연구 개발 로드맵도 공표되어 있다. 2030년대는 '우주 실증 단계', 2045년 이후를 '실용화 단계'로 자리매김하고 있는 듯하다. 2050년경에는 신에너지인 SSPS가 실용화되기를 기대하는 바이다.

우주 태양광발전

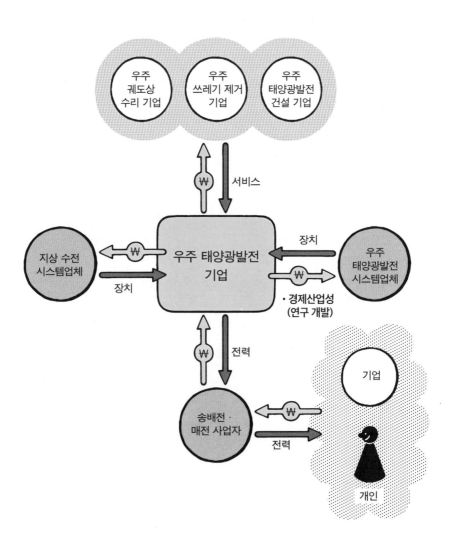

우주 궤도상 수리 기업

우주 쓰레기 제거 기업

우주 태양광발전 건설 기업

서비스

우주 태양광발전 기업

장치

지상 수전 시스템업체

장치

우주 태양광발전 시스템업체

• 경제산업성 (연구 개발)

전력

송배전 · 매전 사업자

기업

개인

전력

46 ● #스페이스 타워 2050
인류는 바벨탑을 쌓아 성층권까지 도달한다

상상할 수 없을 만큼의 높이를 자랑하는 건축물이 건설되어 관광업, 발전·매전 사업, 호텔업, 요식업, 로켓 발사 서비스, 공항 운영 사업 등이 운영될 것이다.

최신 기술

여압 블록 등을 쌓아 올려 초고층 건축물을 건설한다

미래에는 성층권에 닿을 정도로 높은 건축물이 건설될 것이다. 이와 관련한 현재와 미래의 계획에 대해 소개한다.

2021년 기준으로 세계에서 제일 높은 빌딩은 UAE(아랍에미리트)의 부르즈 할리파로, 828m라는 타의 추종을 불허하는 높이를 자랑하고 있다.

일본에서는 오사카의 아베노 하루카스가 높이 300m로 가장 높다. 2023년에는 도쿄 도라노몬 아자부다이에 높이 약 330m의 빌딩이 준공될 예정이다.

2021년 시점에서도 높이 1,000m를 넘는 하이퍼 빌딩이 세계 각국에서 계획되고 있다. 예를 들면 두바이 시티 타워(2,400m), 일본의 스카이 마일 타워(1,700m) 등이 있는데, 그 계획이 실현될지는 알 수 없다. 인류는 마치 원래부터 그런 유전자가 있었던 것처럼 왠지 모르게 계속해서 위를 목표로 한다. 바벨탑이나 『드래곤볼』의 카린탑처럼 말이다.

캐나다의 **Thoth Technology**라는 군사·방위 기업은 '**스페이스 타워**(Space Tower)'의 건설을 계획하고 있다. 그 높이는 무려 2만 미터로, 비행기의 순항 고도보다도 높다. 이 타워는 시설 내에 공기가 새지 않게 채운 여압 블록을 쌓아 올림으로써, 지상과 다름없는 생활을 실현한다. 이 기술은 이미 특허도 취득한 상태이다. 또한 스페이스 타워는 원통형 구조로 시내에 건설할 수 있다고 한다. 지상에 곤돌라의 역이 있고, 곤돌라는 스페이스 타워의 벽면을 따라 나선 모양으로 올라간다. 스페이스 타워의 중부의 상부에는 풍력 발전기가 벽면에는 태양광발전이 설치된다. 정상 부근은 전망대나 비행기의 활주로, 로켓 발사장[1]으로 구성되어 있다. 로켓 발사장이 있는 이유는 바로 연료 절감을 위해서인데, 고도 2만 미터 지점에서 쏘아 올리면 지상에서 쏘아 올리는 것보다 그만큼 비행 거리가 짧아지기 때문이다. 이 스페이스 타워에 대한 구상이 공개된 것은 2015년인데, 그 이후 새로운 이슈는 확인되고 있지 않지만, 인류는 계속

---

[1] 로켓은 스페이스 타워 내의 중앙부 혹은 측면을 따라 정상까지 운반할 수 있는 구조라고 한다. 또한 정상부에서 로켓을 조립할 가능성도 있으며, 로켓이 착륙한 후 정상에서 개수·보수되어 재발사되기도 한다.

해서 위를 향해 나아간 역사가 있다. 그러므로 이러한 계획은 머지 않아 누군가에 의해 반드시 실현될 것이다.

비즈니스 미래 지도
공항과 관광 시설이 더해지는 종합 개발 사업

성층권 높이까지 쌓아 올리게 될 건축물은 Thoth Technology 처럼 특허 기술을 보유한 기업이나 기술력과·자금력이 있는 슈퍼 종합 건설 회사 등이 건설할 것으로 생각된다. 그리고 종합 개발 사업으로서 다음과 같은 시장에 서비스를 전개할 것이다.

□ 호텔
부유층을 대상으로 호텔을 운영해 임차료를 징수한다.

□ 관광업
곤돌라를 구입해 운용하며, 전망대 관광을 통해 수입을 얻는다. 또한 음식점 등을 입점시켜 임차료를 징수한다.

□ 발전, 매전 사업
건축물에 설치한 풍력발전이나 태양광발전으로 건축물에서 사용되는 전기를 조달하거나 잉여 전력을 매전(賣電)하여 수입을 획득한다.

□ 아파트, 부동산

타워 아파트처럼 전망이 좋기 때문에 아파트의 분양 · 임대 등과 같은 비즈니스도 생각할 수 있을 것이다. 그리고 기업의 오피스를 유치하거나 쇼핑몰처럼 운용해 세입자로부터 임대 수익을 얻을 수 있을 것이다.

□ 로켓 발사 공항 운영

로켓 발사 기업에 발사장을 제공하고 사용료를 징수한다. 단, 로켓 발사의 엔진 연소로 인한 발사 설비의 손상을 보수할 필요는 있을 것이다. 또한 공항 운영업으로서 항공 회사로부터 공항 이용료를 징수한다.

스페이스 타워와 같은 시설이나 기능이 완전히 갖춰지려면 아직은 많은 시간이 필요할 것이다. 상상을 초월하는 높이의 건축물이 만들어져 관련 비즈니스가 시작되는 시기는 2050년 이후가 될 것이다.

스페이스 타워

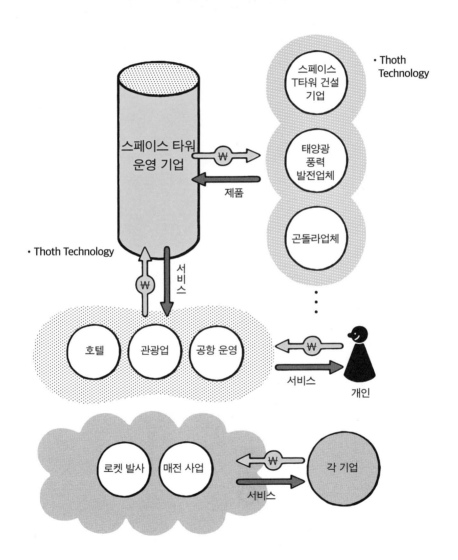

• Thoth Technology

스페이스 T타워 건설 기업

태양광 풍력 발전업체

곤돌라업체

스페이스 타워 운영 기업

₩ →

제품

• Thoth Technology

₩

서비스

호텔 관광업 공항 운영

₩ ←

서비스 →

개인

로켓 발사 매전 사업

₩ ←

서비스 →

각 기업

#태풍 제어 2050
태풍을 제어할 수 있다

2050년 이내에는 사람들을 위협하는 태풍을 정확하게 관측, 예상 그리고
제어하게 될 것으로 전망된다. 게다가 태풍의 방대한 에너지를 전기 등의
자원 에너지로 바꾸는 일도 가능해질 것이다.

최신 기술

태풍의 눈에 얼음을 뿌리면 세력이 약해진다

앞으로 인류는 태풍을 제어할 수 있게 될 것이다. 그렇다면 어떻
게 태풍을 제어한다는 것인지 자세히 알아보자.

매년 수차례나 일본, 대만, 한국에 상륙하는 태풍. 세력에 따라서
는 심각한 피해를 야기하기도 한다. 지금까지는 자연재해에 맞설 수
없다는 것이 통념이었지만, 실제로는 해상에서 발생한 태풍의 세력
을 약하게 하거나 소멸시키거나 진로를 변경시키는 것이 가능하다.

과거 태풍의 제어에 관한 실험을 실시해 성공한 사례가 있다.

1969년 미국의 기상청은 허리케인의 중심 바깥쪽 구름에 요오

드화은[1]을 비행기로 뿌리는 실험을 실시했다. 실험 결과, 허리케인의 최대 풍속이 50m/s에서 35m/s로 바뀌었다. 그러나 실험에 적합한 열대저기압의 수가 적거나 실험 탓에 허리케인의 진로가 갑자기 바뀌는 상황을 걱정하는 의견이 있기도 하고, 게다가 각국의 이해 조정 등에 난항을 겪으면서 실험은 더 이상 진전되지 않고 있는 듯하다.

2021년 태풍을 제어해 세력을 약하게 하거나 발전 에너지를 얻기 위한 기술을 개발하기 위해 일본에서는 **요코하마국립대학**에 **태풍과학기술연구센터**가 설립되었다. 태풍을 정확히 관측하는 기술과 수치 시뮬레이션으로 예측하는 기술, 태풍의 에너지를 전기로 바꾸는 기술, 이들 기술을 사회에 실제로 구현하는 기술 등을 연구하고 있다.

지금까지 불가능했던 태풍 제어 기술이 가능하게 된 요인은 수치 시뮬레이션 등을 이용한 태풍의 '효과 판정' 기술이 발전했기 때문이라 할 수 있다.

그 이유는, 태풍은 따뜻한 해수가 증발하면서 상승 기류가 발생하고 중심 부분의 기압이 낮아지면서 세력이 강해진다. 이러한 태풍의 눈 중심에 얼음을 뿌리면 따뜻한 공기가 차가워지면서 기압의 저하를 미미하게 억제해 세력을 떨어뜨릴 수 있는 것이다. 그리고 이

---

1   요오드화은은 얼음의 결정 구조와 닮아서 대기 중에 살포하면 대기 중의 물이 결정화되고, 그것을 토대로 구름이 발생하기 때문에 인공 비를 내리게 하는 데에 사용하고 있다. 요오드화은에는 독성이 있지만, 인공 비에 사용할 때는 인체에 영향을 미치지 않는 한도 내에서 사용된다.

렇게 태풍을 제어해 세력을 떨어뜨리면 풍속을 3m/s 감소시킬 수 있는데, 이 풍속 3m/s의 감소만으로도 건물이 받게 될 피해는 30% 정도 줄어든다. 이를 금액으로 환산하면 대략 1,800억엔(한화 1조 8000억원 정도)의 경제 손실을 줄일 수 있다고 한다.

또한 태풍을 제어함으로써 발전도 가능하다. 개발한 무인 태풍 발전선을 요트처럼 태풍의 바람으로 나아가게 하고, 그에 따라 선체 뒷부분에 장착된 추진기가 회전하며 전기를 만들어 낸다.

비즈니스 미래 지도

태풍으로 인한 위협이 사라지는 미래

태풍을 제어하는 사업은 공공성이 높기 때문에 기상청 등의 공적 기관에서 추진할 것으로 예상된다.

□ 정부 사업

정부의 기상청 등의 기관이 태풍의 제어를 담당할 것이다. 어느 정도의 세력인지, 그로 인해 어느 정도의 피해를 입을지 정확히 예측하고, 태풍의 세력과 피해를 줄이기 위해 최선의 대책을 세운다. 또한 이 태풍 제어 노하우를 해외에 수출하는 경우도 생각할 수 있다.

□ 발전, 매전 사업

태풍 발전선으로 발전한 전기를 축전, 또는 매전하여 수입을 얻는다.

텔레비전 등의 일기예보나 뉴스의 태풍 정보도 기존의 상륙 정보, 주의보, 경보 등에서 태풍 소멸 성공, 세력 약화 등과 같이 새로운 보도 스타일로 바뀌거나 기존에는 없었던 기상 용어 등이 만들어지는 등의 상황도 충분히 상상할 수 있을 것이다.

향후 일정 세력 이상의 태풍이 일본에 상륙하지 않는다고 가정하면 하천, 산간 지역, 모든 건축물의 설계·건축 기준 등도 완화될지 모른다.

일본의 달 탐측선 발사형 연구 개발로서 2021년부터 태풍을 제어하는 연구가 진행되고 있으며, 사람들의 태풍에 대한 인식은 서서히 변해갈 것이다. 그리고 2050년에는 완전히 제어 가능해지면서 태풍은 사람들에 대한 '위협'에서 '은혜'로 바뀔 것이다.

태풍 제어

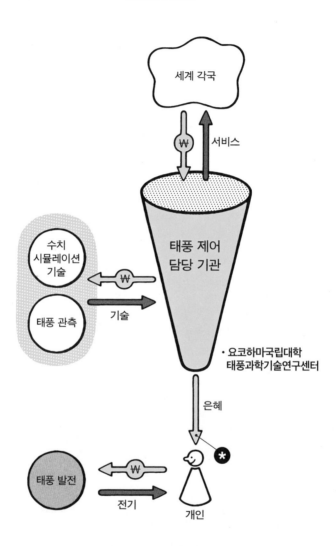

세계 각국

₩ ← 서비스

태풍 제어
담당 기관

수치
시뮬레이션
기술

₩

태풍 관측   기술

· 요코하마국립대학
  태풍과학기술연구센터

은혜

✳

태풍 발전   ₩

전기   개인

✳ 경제 손실을 줄인다.

48 #CO_2 비즈니스 2050

온난화 가스인 CO_2가 자원 및 제품이 된다

온실가스인 CO_2를 공기 중에서 흡수함으로써 다양한 비즈니스가 탄생한다. 2050년까지는 CO_2가 화학품 등의 제품으로 모습을 바꾸는 미래를 맞이할 것이다.

최신 기술

CO_2를 회수해 땅 속에 저장하거나 재활용품을 만들기도 한다

일본은 2050년까지 온실가스의 배출을 제로로 하는 '2050년 탄소 중립'[1]을 선언했다. 또한 그린성장 전략도 수립되어 민관이 연계하여 추진하고 있다. 지구 환경을 지키는 일은 두말할 필요도 없이 세계적인 과제다.

지구 온난화의 원인인 CO_2를 자원으로 바꾸는 기술의 개발 상황을 소개한다.

스웨덴의 Climeworks는 대기 중의 CO_2를 회수하는 장치

---

1   2020년 10월에 스가 요시히데 전 수상이 선언한 탈탄소사회의 실현을 지향하는 목표를 말한다.

Orca를 개발해 이미 가동을 시작했다. 대기 중의 CO_2를 회수하는 DAC(Direct Air Capture)라 불리는 기술은 큰 박스형 장치에 장착된 팬으로 대기 중의 공기를 흡입해 중앙부의 필터로 CO_2만 잡아내는 구조이다. 이 필터에 CO_2가 충분히 흡입되면 입구를 닫고 팬을 멈춰 CO_2를 가둔다. 그리고 필터를 약 100℃로 가열해 물에 CO_2를 섞은 다음 땅속 깊은 곳으로 보내 암석에 녹아들게 만들어서 긴 세월에 거쳐 석회화시킨다.[2] 이 Orca는 연간 4,000톤의 CO_2를 회수하는 능력이 있다고 하는데, 이는 약 28만 그루의 삼나무가 1년간 흡수하는 CO_2의 양에 해당한다.

미국의 Hypergiant Industries[3]는 해조류를 사용해 CO_2를 흡수하는 'EOS Bioreactor'라는 장치를 개발했다. 해조류는 성장 과정에서 CO_2를 흡수하고 소비하는데, 그 과정에서 바이오매스(biomass)를 생성한다. 바이오매스란, 동식물로부터 만들어지는 유기성 자원이다. 이 바이오매스를 처리하면 연료, 기름, 영양이 풍부한 고단백질의 식량원, 비료, 플라스틱, 화장품 등을 만들어 낼 수 있다. EOS Bioreactor는 AI로 온도 등을 관리해 해조류의 성장을 최적화한다. 해조류의 CO_2 흡수력은 나무의 400배에 이르는 효율이

---

2   CO_2를 물에 혼합해서 땅속 깊은 곳으로 보내 녹이는 데에는 아이슬란드의 기업 Carbfix의 기술이 사용되고 있다. CO_2를 녹인 물은 지하의 암석과 반응하고, 시간이 흐르면서 땅속 암석 내부의 칼슘, 마그네슘, 철 등 원소가 용해한 CO_2와 결합해 석회화한다. 수천 년 동안 안정적으로 보관할 수 있다고 한다.

3   AI 기술에 특화한 기업. 에너지, 항공 우주, 헬스 케어, 공공사업 등 폭넓은 분야에서 사업을 전개하고 있다.

라고 하며, 소형이라는 점도 매력적이다.

그 밖에도 미국의 **Air Company**는 공기 중의 CO_2로부터 술 'Air Vodka'를 만들 수 있다. CO_2로부터 알코올을 제조할 수 있기 때문인데, 술 외에도 알코올 스프레이 등을 제조하고 있다.

비즈니스 미래 지도

탄소 재활용 사업과 화성 이주

CO_2를 흡수하는 기술을 보유한 기업은 다음과 같은 시장에서 비즈니스를 전개한다.

▢ 탄소 배출권

CO_2를 배출하는 기업 또는 배출량을 줄이는 데 한계가 있는 기업이 존재한다. 그들을 대상으로 CO_2 제거 장치를 이용해 CO_2를 제거함으로써, 다양한 기업이 배출하는 CO_2를 줄여 수익을 창출한다.

▢ 탄소 재활용

흡수한 CO_2로부터 다양한 최종 제품을 제조 · 판매하는 기업도 존재한다. 연료, 기름, 영양 등이 풍부한 고단백질의 식량원, 비료, 플라스틱, 화장품 등을 만들어 낼 수 있다. 일본의 CCUS[4], 탄소 재활용 시장은 기술적인 장벽이 높아 과점이 될 것으로 예상된다. 그린성장 전략의 공정표에서도 알 수 있듯 2030년경까지는 탄소 재활용 소재의 실증이 완료되고, 2040년부터 2050년까지는 도입 확대, 상용화 단계로 이행할 것이다.

□ 우주(화성 이주 계획)

화성의 대기는 CO_2(95.32%), N_2(2.7%), Ar(1.6%)로 구성되어 있으며, CO_2가 대부분을 차지한다. 따라서 화성의 대기와 지구상의 공기 양쪽에서 CO_2를 로켓 연료로 변환하는 경우도 생각할 수 있다. 또한 NASA와 Air Company는 CO_2로부터 설탕을 만드는 기술을 보유하고 있다. 먼저 수소와 CO_2로 메탄올을 만들고, 수소를 제거하면 메탄올이 포름알데히드로 바뀐다. 이는 건축 재료나 세제의 제조에 사용되는 무색의 냄새가 심한 화학 물질이다. 그리고 마지막 화학 반응에서 D-글루코스인 단당을 생성할 수 있다고 한다. 화성의 대기의 CO_2로부터 글루코스(glucose) 등의 설탕을 화성에서 제조해 중요한 원료를 생산할 수 있도록 하고 있다.

---

4 CCUS란 Carbondioxide Capture, Utilization and Storage의 약어로, CO_2를 회수, 이용, 저장하는 것을 말한다.

CO₂ 비즈니스

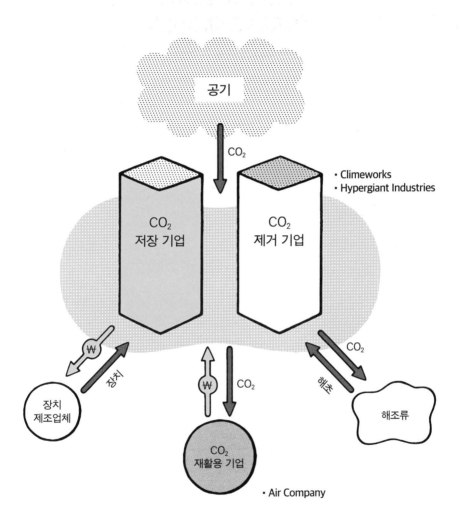

만능 양자 컴퓨터가 QCD에 혁명을 일으킨다

2050년 이후의 미래에는 모든 일을 정확하게 단시간에 계산, 시뮬레이션할 수 있는 만능 양자 컴퓨터가 개발되어 다양한 시장에 격변을 일으킬 것으로 예상된다.

최신 기술

양자 컴퓨터는 압도적인 처리 능력을 보유하고 있다

양자 컴퓨터란, '양자 역학'을 계산 과정에 이용하는 것으로, 오늘날의 컴퓨터와 비교했을 때 압도적인 처리 능력을 보유한 차세대 컴퓨터를 말한다. 양자 컴퓨터의 기본 요소인 양자 비트는 기존 컴퓨터의 0과 1 외에 0과 1의 '중첩 상태'도 실현할 수 있다. 그에 따라 계산 단계를 극적으로 줄일 수 있기 때문에 고속 계산이 가능하다. 양자 컴퓨터는 마이크로파 제어 장치, QPU(Quantum Processing Unit)라는 연산 장치, 측정 장치로 구성된다.

양자 컴퓨터는 크게 '양자 게이트 방식'[1]과 '이징 모델 방식'으로 나뉜다. 또 이징 모델 방식 중에는 '양자 어닐링 방식'[2]과 '레이저 네트워크 방식'이 있는데, 이 네 가지 방식은 그 특성에 따라 '범용형'과 '특화형'으로 분류된다.

□ 범용형 (양자 게이트 방식)

모든 종류의 문제, 즉 범용적인 문제를 이론적으로 풀 수 있다. IBM, Google, Microsoft, Intel, Alibaba 등이 개발을 추진 중이다.

□ 특화형 (이징 모델 방식, 양자 어닐링 방식, 레이저 네트워크 방식)

이징 모델 방식은 방대한 조합 안에서 최적의 조합을 찾아내는 '조합 최적화 문제'를 푸는 데에 특화되어 있다. 양자 어닐링 방식은 D-Wave, 일본전기(NEC), 신에너지산업기술종합개발기구(NEDO) 등이 개발을 진행 중이다. 레이저 네트워크 방식은 레이저를 쏘아서 양자 현상을 발생시키는 것이다.[3] 상온/상압 환경에서 동작 가능한 광 파라메트릭 발진기(發振器)를 사용하고 있다.

양자 컴퓨터의 '범용형'은 실용화되기까지 10년 이상 걸릴 것이

---

1   세계 최초의 양자 게이트 방식으로서 IBM Q의 양자 컴퓨터 상용화가 유명하다.
2   1998년 도쿄공업대학의 니시모리 히데토시(西森秀稔) 교수에 의해 제창된 방식이다.
3   NTT와 국립정보학연구소(NII) 등이 개발한, 상온 가동 가능한 'Quantum Neural Network(QNN)'도 유명하다.

라고 하는데, 폭넓은 용도로의 활용이 기대되고 있다. 한편 '특화형'은 실용화를 위한 시도가 많이 이루어지고 있어 앞서 나가고 있다. 현재 특화형은 주로 **D-Wave** 등의 양자 어닐링 방식으로의 실증이 실시되고 있다. 예를 들면 제조업 분야에서 **DENSO**(덴소)는 무인 수송차 주행 경로의 최적화를, **DENSO**와 **도요타통상**은 방콕의 교통량 최적화를 양자 컴퓨터로 계산해 적용하고 있다. Quantum Transformation Project에서는 하늘을 나는 택시의 최적 항로와 운항 시간대에 대해 양자 컴퓨터로 실시간 계산하여 동시 비행 수를 70% 향상시키는 데 성공했다.

비즈니스 미래 지도

양자 컴퓨터의 목표는 '만능 양자 컴퓨터'의 실현

양자 컴퓨터의 목표는 '만능 양자 컴퓨터(오류 내성형 범용 양자 컴퓨터)'[4]의 실현이다.

□ 항공

항공기의 운항 관리는 수많은 복잡한 파라미터(parameter, 매개변

---

4 오류 정정 기술을 탑재한 양자 컴퓨터를 말한다. 양자 비트 개개의 오류는 미미하더라도, 계산을 계속하다 보면 오류가 축적되기 때문에 오류 내성에는 100만 비트 이상이 필요하다. 그렇게 되면 양자 비트 수를 늘려야 한다(확장성).

수)를 확인하면서 이루어지는데, 특히 악천후 시나 시스템에 문제가 생겼을 때는 파라미터의 수가 더욱 증가한다. 만능 양자 컴퓨터가 등장하면 항공 운항 관리 시스템에 혼란이 발생했을 때의 해결책이나 회피책을 강구할 수 있게 된다.

□ 금융

투자자의 포트폴리오를 최적화하거나 금융 파생 상품 거래의 적절한 가격을 설정할 수 있게 된다. 또한 비정상 거래를 더욱 정확하게 특정해 위법을 신속히 발견할 수도 있다.

□ 소재, 의료

만능 양자 컴퓨터로 완전하고 정확한 시뮬레이션과 예측이 가능해지면, 소재나 의약품 개발에 드는 시간과 비용이 줄어든다.

2050년에 만능 양자 컴퓨터를 실현하기 위해 일본에서도 야심차고 혁신적인 연구 개발이 진행되고 있다. 2050년 이후에는 만능 양자 컴퓨터로 단시간에 계산·시뮬레이션이 되어 정확한 예상이 가능해지므로, 다양한 시장이 격변할 것이다.

양자 컴퓨터

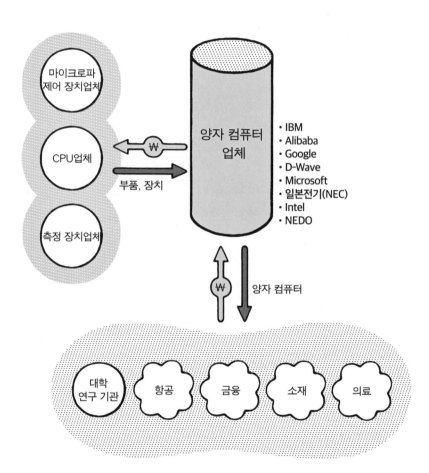

인공두뇌의 아바타가
자유자재로 활약한다

2050년경에는 인공두뇌 아바타 기술[1]로 인간의 신체와 아바타 로봇[2]의 경계가 모호해지면서 인간의 활동 범위에 제한이 사라지는 미래가 올 것으로 예상된다.

최신 기술

아바타 로봇 기술은 생체 신호, 로봇 제어, VR이 핵심이다

일본에서는 **멜틴 MMI**와 **Telexistence**가 아바타 로봇 등의 개발에 착수하고 있다.

'생체 신호 처리', '로봇 기구 제어', 'VR' 등 크게 세 가지 핵심 기술에 의해 아바타 로봇을 실현한다. 예를 들면, 독자적으로 개발

---

1   원격 조작이 가능하고, 본인과 동일하게 감각을 공유할 수 있는 '대역 로봇'에 의해 사이버 공간과 피지컬 공간이 고도로 융합하여 양쪽 공간을 왕래하면서 생활하는 세계를 아바타 로봇으로 실현하는 기술을 말한다.

2   본인(사용자)의 분신이 되는 캐릭터를 가리키지만, 여기에서는 사용자의 조작과 동시에 동일한 행동을 하는 로봇을 가리킨다. ※1의 '대역 로봇'을 의미한다.

한 생체 신호 처리 알고리즘으로 인간의 생체 신호[3]를 감지하여 알아냄으로써 아바타 로봇을 움직이는 것이다. 이에 따라 기존에는 매우 어려웠던 복잡한 손가락의 움직임을 생체 신호만으로 복원할 수 있게 되었다.

아바타 로봇은 로봇의 동체나 팔에 폭넓은 움직임을 부여한 관절을 장착한 것과 진공 흡인이나 두 손가락 그리퍼(gripper) 등을 조합한 로봇 핸드 등이 실현되어 있다.

조작을 위한 특별한 훈련이 필요 없고, 직감적으로 아바타 로봇을 이용할 수 있다고 한다. 즉, 조종자는 VR을 사용해 시각과 신체 감각의 차이를 거의 느끼지 않고 조작할 수 있다. 여기에는 로봇과 조종자 간에 매우 빠른 속도로 데이터를 전송하는 기술이 사용되고 있다.

그 밖에도 조종자가 VR을 사용하면서 불편함을 느끼지 않도록 쾌적성이 높은 UI(사용자 인터페이스)를 채용하거나, 낮은 비용으로 대량 생산이 가능한 설계를 도입하는 등의 방법을 강구하고 있다.

나아가 튼튼하게 설계하여 잘 고장이 나지 않는다는 점과, 디자인이 뛰어나다는 점도 특징이다. 아바타 로봇은 비교적 소형이므로, 도입할 때 장소에 구애 받지 않고, 도입 전후의 환경 변화도 최소화할 수 있다.

3　생물의 몸을 흐르고 있는 전기 신호를 말한다. 예를 들어 뇌로부터 전기 신호가 전송되어 양손을 움직이거나 반대로 그 감각을 전기 신호로 뇌에 전달하기도 한다.

노동력과 생산성 향상에 더해 새로운 비즈니스 창출

아바타 로봇의 도입은 노동력 부족 현상을 막는 동시에 생산성 향상으로도 연결된다. 위험한 작업이라도 안전한 장소에서 작업할 수 있게 되고, 고령의 전문 기능자가 원격 조작으로 일할 수 있으며, 후진 교육·육성으로도 이어질 수 있어 공헌도가 높다. 언젠가는 한 명의 조종자가 멀리 떨어진 여러 현장의 아바타를 바꿔가면서 일하는 멀티태스킹도 실현될 것이다.

아바타 로봇은 아래의 시장에 도입될 것으로 예상된다. 현재 편의점이나 건설 현장 등의 위험한 작업 공간에는 이미 도입되어 있다.

□ 편의점

좁은 소매점 공간에서도 상품 진열 작업을 행할 수 있다.

□ 건설 현장 등의 위험한 작업 공간

건설 현장 등 고지대 작업 현장이나 원자력 발전소 등의 위험한 공간에서도 아바타 로봇이 활약한다. 자연재해 시에는 여러 사람이 천 대 이상의 아바타를 조작해 토사 제거나 구출 작업도 할 수 있다.

□ 우주

지구에 있으면서 아바타를 통해 우주 호텔의 직원으로 일할 수 있다. 우주 정거장이나 달 표면 도시의 건설 작업 현장에서도 마찬가지다. 그 밖에도, 위성에 연료를 보급하는 위성이나 고장 난 위성을 수리하는 위성에서도 인공두뇌 아바타 기술은 필수이다.

□ 의료

의료 분야에서는 극소 사이즈의 나노 아바타를 체내에 넣어 질병의 예방 · 치료가 가능해진다.

□ 엔터테인먼트

기존처럼 관중석에서 시합을 즐기는 스타일이 아니라, VR 등을 활용한 가상공간에서 선수의 시각을 공유하고 선수가 느끼는 감각을 자신도 함께 느끼며 마치 자신이 경기하고 있는 듯한 현장감으로 참여하는 형태가 확립된다. 예를 들면 **하코스코**, cluster 등의 기업이 가상공간에서 엔터테인먼트 비즈니스를 전개하고 있는 것과 같다.

일본 정부의 야심차고 혁신적인 연구 개발에서도 추진되고 있듯이 가상 세계와 실제 세계의 경계가 모호해질 정도로 기술이 진화하는 것은 2050년경 혹은 그 이후가 될 것으로 예측된다.

인공두뇌, 아바타

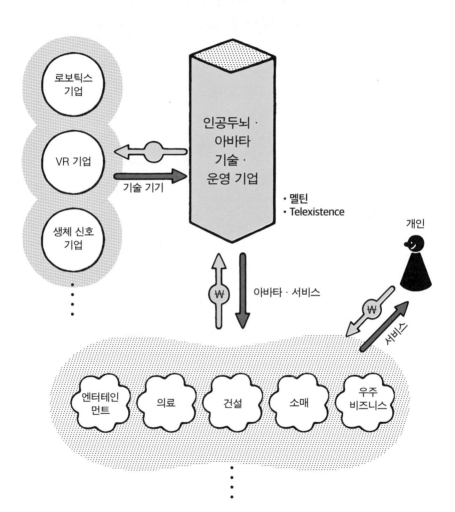

물고기의 움직임을 배워래!
수중 로봇으로 이동이 가능해진다

생물을 본뜬 대형 수중 로봇이 개발된다. 생물을 모방하는 이유는 아래에서 설명하겠지만, 실현될 경우 에너지 절약·고속 이동·안전성 등을 겸비한 차세대 교통수단이 될 것이다.

최신 기술

수생 생물의 움직임을 도입해 에너지 효율을 향상시킨다

수중 로봇으로 물 위나 물 속을 이동하는 시대가 도래할 것이다. 현재까지는 소형의 수중 로봇밖에 없지만, 이와 관련한 개발 상황을 소개한다. '물고기형 로봇'으로도 불리는 Swimming Robot은 물고기의 형상과 움직임을 흉내 낸 로봇이다. 그렇다면 어째서 물고기를 흉내 내는 것일까?

일반적으로 선박이나 잠수함 등의 추진기는 추진 효율이 약 40~50% 전후이고, 추진 효율에 특화한 특수한 추진기조차 70% 전후라고 하니 에너지 효율의 관점에서는 완벽하지 않다.

또한 추진기는 급가속 및 급감속, 급선회가 어려운 데다가 수초로 덮여 있는 강이나 호수에서는 이에 걸릴 위험도 있다. 그 모든 문제에 대한 해결책이 바로 수생 생물이다. 수생 생물의 효율적인 유영 방법을 흉내 냄으로써, 수중 로봇은 물 위나 물 속을 최적으로 이동할 수 있다.[1]

독일의 기업 Festo가 개발한 'BionicFinWave'는 좌우의 물결치는 푸른 지느러미를 연속적으로 움직이면서 추진력을 얻는 로봇이다. 실리콘으로 만들어진 좌우의 지느러미에는 각각 아홉 개의 작은 레버 팔이 장착되어 있다. 이 레버 팔은 로봇 본체에 있는 두 개의 서보 모터(servomotor)에 의해 구동하며, 두 개의 크랭크 샤프트(crank shaft)를 이용해 두 개의 지느러미를 개별적으로 움직일 수 있다고 한다. 아울러 이 로봇은 해양 플라나리아, 오징어, 농어 등의 생물에서 힌트를 얻었다고 한다.

또한 MIT의 CSAIL에서는 'SoFi'라는 물고기형 로봇을 개발하고 있다. SoFi의 전방부에는 제어 장치, 부력 장치, 기어 펌프, 가슴 지느러미, 카메라가 장착되어 있고, 후방부는 실리콘계의 소프트 보디로 만들어져 있다.

그 밖에도 **스위스로잔공과대학**에서는 뱀 모양의 로봇을 개발 중에 있으며 일본의 **도호쿠대학**도 이 연구에 참여하고 있다. 이 로봇의 이름은 'AgnathaX'로, 매끄러운 척추의 움직임이 놀라울 정

---

1   무지개송어는 유영 속도가 빠른 어종으로 분류된다. 추진 효율이 60~70% 전후로서 급가감속과 급선회도가 가능하며 가감 속도성 또한 뛰어난 물고기로, 수중 로봇을 주제로 한 논문에는 거의 빠짐없이 등장한다. 그러나 아직 무지개송어를 본뜬 수중 로봇은 본 적이 없다.

도로 살아 있는 뱀 같다. 이 로봇은 척추동물의 신경계 연구를 목적으로 하고 있다.

수중 로봇이 모든 영역의 수중에서 활약

수중 로봇의 비즈니스 모델은 현재의 수상, 해상 비즈니스를 토대로 추측할 수 있으며, 아래의 시장에 판매될 것이다.

□ 해운, 상선
선박은 항공이나 육상 운송과 비교하면 대형, 대량, 고중량의 화물을 운반할 수 있다는 이점이 있다. 수중 로봇을 사용함으로써 추진 효율, 에너지 효율도 향상되므로, 비교적 저렴한 해상 운송을 실현할 수 있을 것이다.

□ 관광, 레저
호수나 바다 등을 기반으로 한 관광업에서도 수상 또는 수중 유람 등에 활용된다. 또한 부유층을 대상으로 레저용 수중 로봇이 판매될 가능성도 있다.

□ 어업, 낚시

어선이 (현재의 형상은 아니겠지만) 수중 로봇이 될 가능성도 있다. 탐지기가 물고기 떼에 반응하면 수중 로봇으로 탐색한다. 그에 따라 추진 효율이 향상해 물고기 떼를 빠르게 추적할 수 있다.

□ 심해, 해저 조사

만약 수중 로봇이 심해의 수압에 견딜 수 있게 된다면 기민성, 에너지 효율의 관점에서 심해어나 심해 지형에 대한 조사가 더욱 빠르게 진행될 가능성이 있다.

□ 군사, 안전 보장

잠수함 대신 수중 로봇이 채용되면 급가감속과 급선회가 가능해지므로, 바다를 무대로 한 군사 · 안보와 관련된 풍경은 다양하게 변할 것이다.

수중 로봇은 현재 수중 촬영이나 생물의 복잡한 움직임, 신경계 등의 생체를 이해하는 데에 주로 목표를 두고 있으며, 사람이 탈 수 있는 대형 사이즈에 관한 연구는 아직 고려되고 있지 않다. 그러나 대략 2050년경에는 대형 수중 로봇이 실현될 것으로 기대한다.

수중 로봇

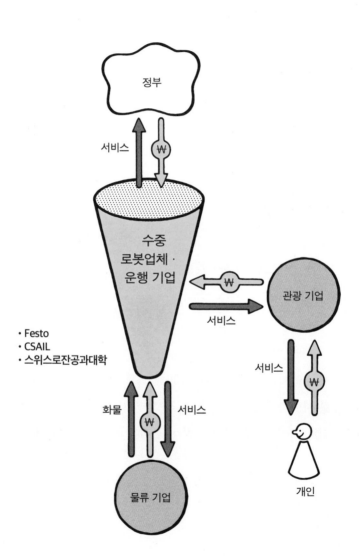

정부

서비스 ₩

수중
로봇업체·
운행 기업

관광 기업

₩

서비스

· Festo
· CSAIL
· 스위스로잔공과대학

서비스

₩

화물 ₩ 서비스

물류 기업

개인

마치면서...

대기업의 임원이나 유명인이 쓴 미래 예측에 관한 많은 서적들이 출판되어 있다. 그런 와중에 필자 역시 그와 같은 주제로 책을 쓰게 되어 매우 송구한 동시에 감사를 드린다.

과연, 이 책은 어떠했을까?

독자 여러분의 다양한 의견이 들리는 듯하다. 새로운 기술과 비즈니스 모델에 수긍하는 테마도 있을 것이고, 독자의 생각과 조금은 다른 견해를 보이는 테마도 있었을지 모른다. 서문에서 이야기한 것처럼, 이 책은 미래 예측의 적중률보다는 독자의 여러분이 다양한 시점으로 미래를 바라보는 데 도움이 되기를 바라는 마음으로 집필했다. 그러므로 만약 독자가 이 책을 통해 조금이나마 뭔가를 느끼거나 생각했다면, 이 책의 목적은 이미 달성한 것이라고 믿는다.

이 책의 집필을 모두 마친 뒤 내가 느낀 것은 SF와 같은 세계가 멀지 않은 미래에 현실이 될 것이라는 점이다. 그리고 그보다 앞선 미래에는 차세대 SF 작가나 영화감독이 참신한 기술 및 세계관을 선보일 것이라 믿는다. 나는 그런 상상을 도저히 멈출 수가 없다.

지금까지 이 책을 통해 나와 함께 교감해 주신 독자 여러분께 다시 한 번 깊은 감사의 인사를 전한다.

참고 문헌

1   주식회사 ALE   https://star-ale.com/
2   주식회사 이노피스   https://innophys.jp/
    CYBERDYNE 주식회사   https://www.cyberdyne.jp/
    주식회사 ATOUN(아토운)   https://atoun.co.jp/
3   주식회사 넥스트 시스템   https://www.next-system.com/virtualfashion
    라쿠텐그룹 주식회사   https://corp.rakuten.co.jp/news/update/2018/0723_01.html
    나나시 주식회사   https://karitoke.jp/top
    objcts.io   https://objcts.io/
    주식회사 Sapeet   https://about.sapeet.com/
    주식회사 Psychic VR Lab   https://psychic-vr-lab.com/service/
    Alibaba Group(Youtube)   https://www.youtube.com/watch v=-HcKRBKlilg
    주식회사 HIKKY   https://www.hikky.life/
    주식회사 에스큐비즘   https://ec-orange.jp/vr/
    주식회사 하코스코   https://hacosco.com/2017/01/cnsxhacosco/
    이베이재팬 주식회사(PRTIMES)   https://prtimes.jp/main/html/rd/p/000000009.000015238.html
    kabuki 페디아(Twitter)   https://twitter.com/kabukipedir
    주식회사 에어크로젯   https://corp.air-closet.com/
    주식회사 스트라이프인터내셔널   https://mechakari.com/
    주식회사 그랜그레스   https://www.rcawaii.com/
4   Mink   https://www.minkbeauty.com/
    파나소닉 주식회사   https://www.panasonic.com/jp/corporate/brand/story/makeup.html
    The Procter & Gamble Company   https://www.pgcareers.com/opte
    FOREO   https://www.foreo.com/institute/moda
5   일본전기 주식회사   https://jpn.nec.com/techrep/journal/g18/n02/180220.html
    후지츠 주식회사   https://www.fujitsu.com/downloads/JP/microsite/
                                      fujitsutransformationnews/journal-archives/pdf/2020-05-25-01.pdf
    주식회사 Singular Perturbations   https://www.singularps.com/
6   일본전기 주식회사   https://jpn.nec.com/rd/technologies/201805/index.html
    NTT 커뮤니케이션 주식회사   https://www.ntt.com/about-us/press-releases/news/
                                      article/2021/0819.html
    주식회사 Digital Garage   https://www.garage.co.jp/ja/
        〃   https://www.garage.co.jp/ja/pr/release/2021/02/20210218/
    주식회사 Zenmu Tech   https://www.zenmutech.com/

	주식회사 Acompany	https://acompany.tech/
	〃	https://acompany.tech/news/meidai-hos_acompany/
	EAGLYS 주식회사	https://www.eaglys.co.jp/
7	국립연구개발법인 정보통신연구기구	https://www8.cao.go.jp/space/comittee/27-anpo/anpo-dai27/siryou3.pdf
	주식회사 도시바	https://www.global.toshiba/jp/technology/corporate/rdc/rd/topics/21/2110-01.html
	〃	https://www.global.toshiba/jp/technology/corporate/rdc/rd/topics/21/2108-02.html
8	주식회사 스페이스 데이터	https://spacedata.ai/ja.html#home
	Symmetry Dimensions Inc.	https://symmetry-dimensions.com/jp/
9	Keigo Matsumoto	https://www.cyber.t.u-tokyo.ac.jp/~matsumoto/unlimitedcorridor.html
	Infinite Stairs(youtube)	https://www.youtube.com/watch?v=s6Lv6HQCvZ8
	HTC	https://www.vive.com/jp/accessory/vive-tracker/
10	Wyss Institute	https://wyss.harvard.edu/media-post/lung-on-a-chip/
	Fraunhofer Institute for Materialand Beam Technology IWS Dresden	https://www.iws.fraunhofer.de/en/newsandmedia/press_releases/2018/presseinformation_2018-13.html
	국립연구개발법인 일본의료연구개발기구(AMED)	https://www.amed.go.jp/program/list/13/01/004.html
11	Oura Health	https://ouraring.com/
	주식회사 그레이스 이미징	https://www.gr-img.com/
	주식회사 CAC	https://www.cac.co.jp/news/topics_190123.html
	Astinno	https://www.gracecooling.com/
	Nature Biomedical Engineeringvolume 4, pages624-635(2020)	https://www.nature.com/articles/s41551-020-0534-9
12	후지제유 주식회사	https://www.fujioil.co.jp/product/soy/
	마루코메 주식회사	https://www.marukome.co.jp/daizu_labo/
	베이스 푸드 주식회사	https://basefood.co.jp/
	Huel	https://jp.huel.com/
13	Takuji Narumi	https://www.cyber.t.u-tokyo.ac.jp/~narumi/metacookie.html
	Food ResearchInternational,Volume 117, March2019, Pages60-6	https://www.sciencedirect.com/science/article/abs/pii/S0963996918303983
	메이지대학	https://www.meiji.ac.jp/koho/press/6t5h7p0000342664.html
	〃	https://www.meiji.ac.jp/koho/press/6t5h7p00001d4hfr.html
	Michel/Fabian	http://www.michelfabian.com/goute/

14	Natural Machines	https://www.naturalmachines.com/foodini
	Moley Robotics	https://moley.com/
	Wide Afternoon	https://ovie.life/
	Redwire	https://redwirespace.com/products/amf/
15	Xenoma	https://xenoma.com/products/eskin-sleep-lounge/
	주식회사 필립스재팬	https://www.philips.co.jp/c-e/hs/smartsleep/deep-sleep-headband.html
	MOONA	https://www.en.getmoona.com/
	SWANSWAN	https://www.swanswan.info/
16	ANTCOCADA	https://www.antcicada.com/
	주식회사 료힌계획	https://www.muji.com/jp/ja/feature/food/460936
	주식회사 ODD FUTURE	https://www.oddfuture.net/
	주식회사 BugMo	https://bugmo.jp/
	TAKEO 주식회사	https://takeo.tokyo/
	주식회사 그릴러스	https://gryllus.jp/
17	주식회사 SkyDrive	https://skydrive2020.com/
	테트라 어비에이션 주식회사	https://www.tetra-aviation.com/
	eVTOL Japan 주식회사	https://www.evtoljapan.com/
	Eve	https://eveairmobility.com/
	Halo	https://www.fly-halo.com/
	BAE Systems	https://www.baesytems.com/en/home
	LOckheed Martin	https://www.lockheedmartin.com/
	L3Harris	https://www.l3harris.com/
18	HyperStealth Biotechnology	https://www.hyperstealth.com/
	도쿄대학 첨단과학기술연구센터 신체정보학 분야 이나미 연구실	https://star.rcast.u-tokyo.ac.jp/opticalcamouflage/
	Sience, Volume 314, Issue 5801, pp.977-980(2006)	
19	미야자키대학	https://www.miyazaki-u.ac.jp/mech/mprogram/2021025_01_press.pdf
	QDLaser	https://www.qdlaser.com/
20	University of Colorado Boulder	https://www.colorado.edu/today/2021/02/10/thermoelectric
	도쿄공업대학	https://www.titech.ac.jp/news/2020/048227
	오사카대학	https://resou.osaka-u.ac.jp/ja/research/2018/20180618_1
	와세다대학	https://www.waseda.jp/top/news/59829
	시즈오카대학 전자공학연구소	https://www.rie.shizuoka.ac.jp/pdf/2016/p/P-34.pdf

	MATRIX	https://www.powerwatch.com/pages/power-watch-japan
21	히타치조선 주식회사	https://www.hitachizosen.co.jp/business/field/water/ desalination.html
	University of California, Berkeley	https://news.berkeley.edu/2019/08/27/water-harvester- makes-it-easy-to-quench-your-thirst-in-the-desert/
	SOURCE	https://www.source.co/
	WOTA 주식회사	https://wota.co.jp/
	우주항공연구개발기구(JAXA)	https://iss.jaxa.jp/iss/ulf2/mission/payload/mplm/#wrs
	구리타공업 주식회사	https://www.kurita.co.jp/aboutus/press190724.html
	Gateway Foundation	https://gatewayspaceport.com/
22	MIT Media Lab	https://www.media.mit.edu/
	Affectiva	https://www.affectiva.com/
23	Sylvester.ai	https://www.sylvester.ai/cat-owners
	몬트리올대학	https://ja.felinegrimacescale.com/
	일본전기 주식회사	https://jpn.nec.com/press/202109/20210928_01.html
	Anicall	https://www.anicall.info/
24	SpaceX	https://www.spacex.com/vehicles/starship/
	〃	https://www.spacex.com/updates/inspiration4/index.html
	Virgin Galactic	https://www.virgingalactic.com/
	Blue Origin	https://www.blueorigin.com/news/first-human-flight- updates
25	Virign Hyperloop	https://virginhyperloop.com/
	Hyperloop TT	https://www.hyperlooptt.com/
	Delft Hyperloop	https://www.delfthyperloop.nl/
	MIT Hyperloop	https://www.mithyperloop.mit.edu/
	히타치 제작소	https://www.hitachi.co.jp/
26	Gravity Industries	https://gravity.co/
27	주식회사 NTT 도코모	https://docomo-openhouse.jp/2020/exhibition/panels/B-06. pdf
	Xiaomi	https://blog.mi.com/en/2021/01/29/forget-about-cables- and-charging-stands-with-revolutionary-mi-air-charge- technology/
	도쿄대학 가와하라 연구실	https://www.akg.t.u-tokyo.ac.jp/archives/2334
28	Astroscae	https://astroscale.com/ja/
	Clear Space	https://clearspace.today/

	D-Orbit	https://www.dorbit.space/
	Starfish Space	https://www.starfishspace.com/
	주식회사 스카파 JSAT 홀딩스	https://www.skyperfectjsat.space/news/detail/sdgs.html
	주식회사 ALE	https://star-ale.com/technology/
29	도쿄대학 생산기술연구소	https://www.iis.u-tokyo.ac.jp/ja/news/3567/
	Lancaster University	https://www.lancaster.ac.uk/news/vegetables-could-hold-the-key-to-stronger-buildings-and-bridges
	Chip[s]Board	https://www.chipsboard.com/
	Mapua University	https://www.mapua.edu.ph/News/article.aspx newsID=2148
30	LESS TECH	https://www.lesstech.jp/
	IEEE(Draper)	https://spectrum.ieee.org/drapers-genetically-modified-cyborg-dragonfleye-takes-flight
	University of California, Berkeley	https://news.berkeley.edu/2015/03/16/beetle-backpack-steering-muscle/
31	고치공과대학	https://www.kochi-tech.ac.jp/power/research/post_35.html
	기상청	https://www.jma.go.jp/jma/index.html
32	Start Rocket	https://theorbitaldisplay.com/
33	MIT Media Lab	https://www.media.mit.edu/projects/sleep-creativity/press-kit/
34	도쿄대학 의과학연구소	https://www.ims.u-tokyo.ac.jp/imsut/jp/about/press/page_00065.html
	Harvard Medical School	https://sinclair.hms.harvard.edu/research
	〃	https://hms.harvard.edu/news/rewinding-clock
	Unity Biotechnology	https://unitybiotechnology.com/
	BioAge	https://bioagelabs.com/
	Calico	https://www.calicolabs.com/
35	교토대학	https://www.kyoto-u.ac.jp/sites/default/files/2021-09/20210824-ueda-93feaa9c0cdd2bbb40851ac54ed503a8.pdf
	〃	https://www.kyoto-u.ac.jp/sites/default/files/embed/jaresearchresearch_results2015documents150722_201.pdf
	Pivot Bio	https://www.pivotbio.com/
	쓰바메 BHB 주식회사	https://tsubame-bhb.co.jp/news/press-release/2020-10-22-1644
	국립연구개발법인 산업기술종합연구소	https://www.aist.go.jp/aist_j/press_release/pr2014/pr20140918/pr20140918.html
	Reaction Engines	https://www.reactionengines.co.uk/news/news/reaction-

engines-stfc-engaged-ground-breaking-study-ammonia-

fuel-sustainable-aviation-propulsion-system

36 와세다대학 https://www.waseda.jp/top/news/22187

국립연구개발법인 https://www.nims.go.jp/news/press/2017/12/201712210.html

물질 · 재료연구기구

Delft University of Technology https://repository.tudelft.nl/islandora/object/uuid:8326f8b3-

a290-4bc5-941d-c2577740fb96 collection=research

도쿄대학 https://www.t.u-tokyo.ac.jp/shared/press/data/setn

ws_201712151126279241637212_338950.pdf

이화학연구소 https://www.riken.jp/press/2021/20211111_1/index.html

37 Neuralink https://neuralink.com/

Meta https://about.facebook.com/ja/

38 SpaceX https://www.starlink.com/

OneWeb https://oneweb.net/

Amazon https://www.amazon.jobs/en-gb/teams/projectkuiper

China Aerospace Science and http://english.spacechina.com/n16421/index.html

Technology Corporation

39 석유천연가스 · 금속광물자원기구 https://mric.jogmec.go.jp/news_flash/20080129/22541/

(JOGMEC)

Journal of Environmental https://www.jseb.jp/wordpress/wp-content/

Biotechnology uploads/11-12-039.pdf

(환경바이오테크놀로지 학회지)

Vol.11, No.1 2, 39-46, 2011

ESA https://www.esa.int/ESA_Multimedia/Images/2019/03/

BioRock

40 후쿠오카 공업대학 https://www.fit.ac.jp/juken/fit_research/archives/7

국립연구개발법인 신에너지 산업기술 https://www.nedo.go.jp/news/press/AA5_101473.html

종합개발기구

41 Virgin Galactic https://www.virgingalactic.com/

Blue Origin https://www.blueorigin.com/

SpaceX https://www.spacex.com/

Bigelow Aerospace https://bigelowaerospace.com/

Axiom Space https://www.axiomspace.com/

Space Perspective https://www.spaceperspective.com/

World View https://worldview.space/

KuangChi Science http://www.kuangchiscience.com/cloud lang=en#B

	SPACE BALLOON	https://www.spaceballoon.co.jp/
42	Space Works	https://www.nasa.gov/sites/default/files/files/
		Bradford_2013_Phl_Torpor.pdf
	ESA	https://www.esa.int/Enabling_Support/Space_Engineering_
		Technology/Hibernating_astronauts_would_need_smaller_
		spacecraft
43	시미즈건설 주식회사	https://www.shimz.co.jp/topics/dream/content01/
44	대학공동이용기관법인	https://www.nifs.ac.jp/
	자연과학연구기구	
	핵융합과학연구소(NIFS)	
	양자과학기술연구개발기구(QST)	https://www.qst.go.jp/site/fusion/
	General Fusion	https://generalfusion.com/
	Helion Energy	https://www.helionenergy.com/
45	우주시스템개발이용추진기구(JSS)	https://www.jspacesystems.or.jp/project/observation/ssps/
	교토대학 시노하라 연구실 web	http://space.rish.kyoto-u.ac.jp/shinohara-lab/index.php
46	Thoth Technology	http://thothx.com/home
47	요코하마국립대학 첨단과학고등연구	https://trc.ynu.ac.jp/
	원 태풍과학기술연구센터	
48	Climeworks	https://climeworks.com/
	Hypergiant Industries	https://www.hypergiant.com/
	Air Company	https://aircompany.com/
49	IBM	https://www.ibm.com/jp-ja/quantum-computing
	Microsoft	https://azure.microsoft.com/ja-jp/services/
		quantum/#product-overview
	Intel	https://www.intel.com/content/www/us/en/newsroom/
		resources/press-kits-quantum-computing.html#gs.hs6vnl
	Alibaba	https://damo.alibaba.com/labs/quantum
	D-wave	https://dwavejapan.com/
	〃	https://dwavejapan.com/app/uploads/2019/12/Final_
		D-Wave_DENSO_case_study_2019_11_22.pdf
	일본전기 주식회사	https://jpn.nec.com/quantum_annealing/index.html
	도요타통상 주식회사	https://www.toyota-tsusho.com/press/detail/171213_004075.
		html
50	MELTIN MMI	https://www.meltin.jp/
	Telexistence	https://tx-inc.com/ja/top/
51	Festo	https://www.festo.com/gb/en/e/about-festo/research-

	and-development/bionic-learning-network/bionicfinwave-id_32779/
MIT CSAIL	https://www.csail.mit.edu/research/sofi-soft-robotic-fish
Swiss Federal Institute of Technology in Lausanne	https://www.epfl.ch/labs/biorob/research/amphibious/agnathax/